青少年自信沟通手册

我也可以工作！

[美] 柯特·马内克 著
Kirt Manecke
陈　瑾 译
李唐晨 审校

SMILE & SUCCEED FOR TEENS
MUST-KNOW PEOPLE SKILLS FOR TODAY'S WIRED WORLD

华夏出版社
HUAXIA PUBLISHING HOUSE

读者好评

"《我也可以工作！青少年自信沟通手册》一书让我意识到，融入世界的方式很重要。"

——妮娜

"现在我知道了什么时候能把手机拿出来，什么时候该收回去。"

——伊莎贝尔

"我觉得这本书对我个人很有启发。如果没有读这本书，我就不知道在面试中该做什么，不该做什么。"

——杰雷米亚

"这本书太有帮助了，因为我说话的时候总是低着头，体态也不是很好。"

——布兰登

"这本书很有价值。比如说，我以前真不知道，和人握手还是有讲究的。"

——汉娜

"我和我哥哥准备开展代遛狗业务，这本书对我们这一业务的起步将会很有帮助。"

——蔡斯

"这本书让我学到了如何进行眼神交流、如何与人握手、如何与人打招呼，以及在特殊场合中如何着装。我还知道了什么时候不要玩手机。"

——加比

"我发现这本书对如何恰当地使用肢体语言非常有帮助。我总是懒懒散散的,而现在我意识到这样子有点不尊重别人。"

——诺兰

"因为我很害羞,所以对我而言,这本书非常有用。我在做帮人看孩子的工作,从书里我学会了要微笑待人以及如何和人进行眼神交流。我喜欢书中的插图!"

——伊莎贝拉

"现在我知道了在面试中应该如何表现。"

——杰西

"因为我不太擅长眼神交流,所以这本书对我非常有用。"

——马修

"我喜欢书中对于微笑和握手技巧的指导。"

——戴文

"这本书对于我准备面试、找工作以及学习如何与成年人交流很有帮助。"

——克洛伊

"我很高兴自己读了这本书,从中我知道了如果不微笑的话会给我带来怎样的影响。"

——安吉丽娜

写给努力让我们的世界变得更美好的年轻人。

☺

还有我的父母,约翰和贝齐,
他们用爱教会我礼貌待人,教会我如何尊重他人。
我事业上的成就很大程度上都归功于他们。

致　　谢

写书需要团体的共同努力——我相信很少有人能凭一己之力写完一本书。衷心感谢为本书做出贡献的所有人，他们是：王牌图书出版人贝姬·弗格森（Becky Ferguson），身为母亲的英语教师莎伦·哈默（Sharon Hammer），教师顾问塔米·汉斯福德（Tammy Hansford），作家史蒂夫·法迪（Steve Fadie），雷切尔·弗格森老师（Rachel Ferguson），艾丽西亚·昆塔纳老师（Alicia Quintana），商业教练科琳·基尔帕特里克（Colleen Kilpatrick），销售专家拉里·贝茨勒（Larry Betzler），书店采购员帕姆·赫尔曼（Pam Herman），身为祖母的图书管理员菲莉丝·布兰丁汉姆（Phyllis Brantingham），身为母亲的塔米·邓肯（Tammy Duncan），产品开发专家凯伦·梅（Karen May），既是客服顾问又是一名母亲的凯茜·欧蕾克（Kathy Olak），有着六个孩子的母亲黛比·伦德瓦尔（Debi Lundwall），身为父亲的小企业主彼得·沃托瓦（Peter Wottowa），既是作家也是一名父亲的乔·凯勒（Joe Keller），客服专家艾米·格雷索克（Amy Gresock），商业领袖理查德·林霍斯特（Richard Lindhorst），图书出版专家金·沃尔特（Kim Walter），内容编辑葆拉·曼萨内罗（Paula Manzanero），以及密歇根州米尔福德市中心缅街美术馆的三位乐于助人的女性。非常感谢来自青少年明星团队的尼克·凯勒（Nick Keller）、特雷娜·魏特坎普（Terena Weitkamp）、本·戈特利布（Ben Gottlieb）、萨沙·杜多克（Sasha Dudock）、诺瓦·雷纳（Nova Rayner），以及柯蒂斯·施密特（Curtis Schmitt），是你们让我确信这本书有价值、切合实际，并且易于阅读。特别感谢我的父母，约翰和贝齐·马内克（John and Betsy

Manecke），还有我已故的叔叔吉恩·巴洛格（Gene Balogh），他的精神和成就一直激励着我。感谢我的编辑莉兹·帕克斯（Liz Parks）将书稿整理成书，她非常出色。最后，感谢我所有的朋友们和同事们，包括在这里没有提及的人，他们在我写作本书的过程中提供的见解、给予的耐心和支持弥足珍贵。

推 荐 序

孤独症谱系障碍的核心特点包括社交互动与沟通障碍和重复刻板的行为。为了让谱系障碍的个体能独立过上更高质量的生活，更大程度地融入社会和集体，特教工作者及家长们设计并执行与个体年龄相适宜、有助于其长远发展的练习项目。这些项目所涉及的技能通常包括语言技能、精细动作技能、大运动技能、生活自理技能、社交技能、职业技能等。

笔者有幸在美国的一次孤独症会议上认识了本书的作者柯特·马内克先生，得知作者编写《我也可以工作！青少年自信沟通手册》一书的初心是为了给青少年提供有关初入社会所应该掌握的技能的学习资料。作者在与当地众多学校合作教授青少年职业技能的过程中，接触到了不少被诊断为有谱系障碍的学生。根据老师和家长的反馈，本书广受谱系障碍学生的欢迎，因为它以图文结合的方式呈现，文字描述简单直白。在家长和老师的帮助下，学生能通过此书学习到不少硬核的社交技能，会有助于提升他们的人际交往能力和职场技能。

本书中不仅有关于基本的人际交往技能的内容，还对在工作中面对客户时所需要的礼仪、沟通技能等进行了说明和建议。除此之外，作者还对如何找工作、前期准备及参加面试等的注意事项做了详细介绍。难得的是，作者充分考虑到了当下互联网普及的职场新特点，也介绍了在利用电子设备和互联网工作时的礼仪和注意事项。作者将应用场景与对话范例相结合，这给学习者带来更加直观的学习体验。因此，具备一定识字能力、需要提升社交沟通技能和工作技能的大龄孤独症谱系障碍个体，可以独立或者在他人的指导下阅读此书，而对于不具备识字能力但又需要学习书中提到的某些技能的学生，可以由老师和家长在阅读后根据其能力和特点进行教授。

  不可否认，作者的成长和生活背景使得书中的部分内容带有西方社会与文化的特色。因此，书中提及的一些内容在国内的工作生活中可能并不常见。建议各位家长和老师提前阅读本书，并根据本地的社会生活及文化习惯，指导学生有选择性地阅读和吸收书中的内容。可以通过模拟演练的方式帮助学生练习在特定情境中恰当的言行举止，学会正确运用社交和职场技能。

  希望这本书能给需要学习和提升社交和职场技能的每一个人带来帮助！

李唐晨　认证行为分析师（BCBA）

2022年2月6日于美国俄亥俄州立大学

目　　录

简介 ·· 1
如何从本书中获得最大收益 ··· 1

1　十大人际交往技能

微笑 ·· 2
良好的眼神交流 ··· 4
关闭电子设备 ··· 6
说"请"和"谢谢" ··· 8
坚定有力地握手 ··· 10
介绍自己：交朋友 ··· 11
重视别人 ·· 13
热情 ·· 15
提出问题 ·· 16
使用合适的肢体语言 ·· 17

2　找到工作

找工作 ·· 20
准备有用的推荐信 ··· 23
开创自己的事业：从发传单开始 ····························· 25

为面试做准备 ·· 26
游刃有余地面试 ······································ 28
保住工作 ·· 31
克服压力 ·· 32

3 以礼待人

真诚地道歉 ··· 36
称呼对方的姓名 ····································· 37
做好准备 ·· 39
着装得体 ·· 40
保持专业 ·· 42
讲究电子社交礼仪 ·································· 44
了解自己的业务 ····································· 46
让顾客轻松地与你沟通 ··························· 47
实时跟进 ·· 49

4 将心比心

即使你正在忙，也要问候顾客 ·················· 52
及时帮助顾客 ·· 54
微笑着接电话 ·· 55
请稍等 ··· 57
仔细地找零钱 ·· 59

5 打开销路

"我就看看"：让顾客随意选购 ················ 62

永远不要问"需要帮忙吗？" 63
不要指，带顾客过去看 65
不懂就问 67
自信地销售 68
询问式销售 69
推广业务或活动 70

6　售后服务

大方地处理退货 72
把投诉变为取得支持的机会 74

7　成为"明星"

改变，让生活出彩 78
期待你的加入 80
克服募捐时的恐惧 82
询问式募捐 84
帮助他人 86
救助动物 88
保护我们的环境 90
综合运用 92

注释 93

简　　介

微笑可以成为一个竞争优势，微笑能让每个人的感受更加美好，让每一种局势更加明朗。

——理查德·布兰森（Richard Branson），国际领先投资集团维京集团（Virgin Group）创始人

微笑的力量

在我十几岁的时候，我的送报业务做得很成功，同时我还给人修剪草坪。后来，我在一家高尔夫球场工作。良好的人际交往技能是我走向成功的关键。

也许你会好奇，到底什么是人际交往技能呢？该如何学习这些技能？好消息是，要掌握良好的人际交往技能并没有那么难。这本书详细地介绍了你需要了解的知识。

在今天这个信息畅通的世界里，手机及其他电子设备在我们的生活中都得到广泛应用，这使得掌握良好的人际交往技能更为重要。《我也可以工作！青少年自信沟通手册》是在我的第一本书《微笑：我的销售秘籍》（下面简称为《微笑》）的基础之上写成的，这本书曾获得了一些奖项。

尽管《微笑》一书是为雇主和员工编写的，但它不仅收获了来自商界人士的赞美，也颇受家长和教育工作者的好评。一位家长惊叹道："每一个美国的青少年都要读读这本书！这本书所教授的重要的人际交往技能，是孩子们要想在工作和生活中取得成功所必备的。"

根据来自众多青少年、教育工作者和家长的反馈，我特地创作了这个

订制版本《我也可以工作！青少年自信沟通手册》。正如我的第一本书《微笑》一样，这本书的后面章节中提到的建议和技巧都是取自于世界各地成功企业所采用的顾客服务方案及销售方法，这些方案和方法的有效性已经得到了证实。这些建议和技巧将帮助你交到更多的朋友，赚到更多的钱。除此之外，我还补充了一些有价值的信息，比如如何找到并保住工作，如何战胜压力，以及当志愿者的好处等。

要想找到工作和取得事业成功，良好的人际交往能力必不可少。找工作的这一过程非常有挑战性，会让人忐忑不安。《我也可以工作！青少年自信沟通手册》能够帮助你在面试中脱颖而出，还有助于让你成为超级明星员工，也就是那种企业梦寐以求的员工。

人际交往技能是企业在面试和聘用员工时最看重的技能之一。许多雇主都表示，年轻人缺少对于事业成功来说极为关键的人际交往技能[1]。

如果你是自己创业，良好的人际交往技能也是必不可少的。无论是在本地的农贸市场销售自家院子种植的鲜花果蔬，还是帮人看孩子、修剪草坪、做景观美化工作、当家教，或者在餐厅打工，你都可以通过微笑，走向成功！

对于年轻人来说，培养面对面沟通的技能尤为重要[2]。搞好人际关系依赖于这些技能，想要在学业上获得成功也离不开这些技能。

没有哪一本书能像本书一样，在如此简短的篇幅中讲清楚专为青少年量身打造的宝贵的人际交往技能。你可以一次阅读一个章节，在短短几分钟内学习一个新的技巧。本书内容不分先后顺序，可以随意阅读。从今天开始，体验阅读这本书的乐趣吧！

本书将帮助你：

- 培养走向社会必不可少的人际交往技能。
- 与人交往时，更有自尊，更有自信。

· 掌握人际交往技能，与朋友、父母、老师和客户建立良好的关系。
· 在面试时游刃有余，得到心仪的工作。
· 掌握服务顾客和销售的技巧，在工作上取得成功。
· 做销售相关的工作时轻松自信。
· 成为一名成功的年轻企业家。
· 在做志愿服务或在工作中享受更多的乐趣。

你会发现，给朋友和家人留下好印象、让顾客满意、当志愿者回馈社区，以及找到捐助者（为募捐人和非营利组织提供捐助的人）是如此容易。这些简单易于操作的小技巧将帮助你学会如何尊重他人。在学校和工作中，你会变得更加自信。学会运用人际交往技能的你会让顾客喜笑颜开，然后成为你的回头客。你在销售商品、募集资金时会信心十足。你将发现，人们会经常光顾你的生意，并给予你积极正面的评价。

现在，开始微笑吧！

如何从本书中获得最大收益

本书是一本手册,不是一部教科书,章节末尾处没有测试(松一口气)。如果书中某章节的观点对你而言还很新颖,也许你会想花上一些时间去理解消化,并将其付诸实践,然后接着往下阅读。你可以逐页按顺序阅读,也可以查阅目录来决定先读哪一部分。如果这本书是你本人的,那你就可以放心地在书上做笔记,把重要的信息标出来。

第一章中的十大人际交往技能将帮助你在学校、工作和生活中取得不小的进步。即使你从书中其他章节里没能学到什么东西,掌握这十个非常有用的技能,也能够帮助你建立良好的人际关系。强大的人际交往能力会让你在任何时候都能事半功倍。

每周或每个月花上几分钟或者更长时间回顾一下本书,把那些用于实践中获益匪浅的技能牢牢掌握。无论你现在有没有工作,都一定要读完所有的章节。

书中的一些技巧也许现在看来并不重要,但总有一天你会用得上。无论你现在是否在工作,或是将要踏上工作岗位,本书中的建议能够帮助你交到更多的朋友,并且在学校和工作中获得进步。定期回顾书中的内容会让你保持敏锐,同时你会让你的朋友、顾客以及捐助者感到愉悦!

1

十大人际交往技能

如何与朋友和顾客愉快相处

微笑充满力量！

微笑

微笑！让微笑成为优势。据《眨眼之间》（*Blink*）的作者马尔科姆·格拉德威尔所说，第一印象产生于一瞬间或两秒钟之内[1]。

一个微笑可以带来一个朋友，也可以带来一名终身顾客。微笑是尤为重要的人际交往技能之一。

微笑着说你好

听起来也许很简单，但令人惊讶的是，很多人都做不到微笑着问候他人，无论是问候家人、朋友，还是问候顾客。当你在社交场合遇到某人时，把注意力放在对方身上，并微笑着同他/她打招呼。当顾客出现在你的工作场所时，适时并礼貌地问候他们。

如何做

1. **微笑**。笑容温暖，真诚，发自内心。
2. **看着对方的眼睛**。
3. 说"您好！"
4. 语气要热情、友好、亲切，还要真诚。

你微笑，世界也会对你微笑。[2]

微笑的力量

我在经营一家零售店的时候,注意到店里一个名叫保罗的十几岁的员工,他在工作时脸上不带笑容,也不会对进店的顾客致以适当的问候。

我把保罗带到一旁问道:"顾客进来的时候你为什么不微笑,也不说您好呢?"保罗回答:"他们都讨厌我。"我向他保证是他误会了,并询问他为什么会有这种感觉。他说他就是知道人们不喜欢他。我提醒保罗,我们要以恰当的方式问候顾客。我让他回顾一下我们之前的培训内容:面带微笑,适当地问候每一位顾客,然后看看会发生什么。

那天下午,我从不远处观察着保罗。他面带笑容,温和友善地跟顾客说"您好"。两天后我再找保罗谈话,我问他感觉怎么样,保罗惊呼道:"他们都喜欢我!"我说:"当然了,他们都喜欢你。"从那天开始,保罗就一直是我们的示范员工。这就是微笑的力量!

在线贴士:所有的表情符号,都抵不过面对面时,来自眼前之人的一个发自内心的真诚微笑。

微笑可以摆平一切。

——菲莉丝·迪勒(Phyllis Diller),喜剧女演员

传达自信和友好。

良好的眼神交流

眼神交流是可以给人留下积极印象的一种相当有效的方法。良好的眼神交流表明了尊重、信任的态度，展现了你的能力、真诚和对对方的关注，这样对方很容易就会对你产生好感并加以信任。你对待顾客也要同样如此，看着对方的眼睛，让他们知道你在倾听。

如何做

1. 看着对方的眼睛。

2. 不要直勾勾地盯着对方，但也不要让自己的目光飘忽不定。

3. 如果你觉得自己的眼神过于直接，那就看着对方的鼻子（这不是开玩笑！）

和人讲话时，看着对方的鼻子。

4. 你也可以眨眼、点头并微笑。
5. 在对话时，自始至终都要保持良好的眼神交流。

良好的眼神交流会给人留下深刻的第一印象。

你的父母总想让你见见他们的朋友；工作时，你可能会遇到新的顾客。这些也许都会让你感到紧张。有时候你可能因为不知道该说什么而踌躇不决，这很正常。利用这些机会去练习和人进行良好的眼神交流。练习得越多，你的顾虑就会越少。

面对面交流的效果最好。③

在线贴士：利用电子设备进行沟通时无须眼神交流，而面对面沟通则需要。

把手机放到一边。

关闭电子设备

你可能会因为父母让你关掉手机、游戏机或者电脑而恼怒，他们看起来好像不可理喻，但事实并非如此。如果沉迷于某个电子设备，那你就不能完全关注到身边的人。玩手机、打游戏、看视频、发短信，还有网上冲浪，这些都让你无暇去实践基本的人际交往技能。

电子设备的使用在我们的生活中占据了很大比重，找到健康使用电子设备的方式非常重要。如果使用过度或者使用不当，就会对面对面的人际沟通有影响。而且，在有的场合中使用电子设备是非常无礼的。与人交流时，我们要把全部的注意力放在对方身上。

在工作时，绝对不要使用手机或其他电子设备处理私事，比如发短信、发邮件、打电话、打游戏等，但因工作需要而使用手机是可以的。

网络社交礼仪

- 请注意，你在网络上发布的任何信息都会永远留存。一定要保证发布的内容积极正面，态度友善。

- **照片会永远留存。**在拍摄或发布别人的照片之前，要先征求对方的同意。
- 如果一封私人邮件或短信让你心烦意乱，不要立即做出回复。至少再等 24 小时，给自己留出思考的时间。
- 不要因短信或来电而中止你和他人的谈话，除非是父母来电或者真的有紧急情况。
- 和朋友待在一起时，可以把手机关机或者调成静音模式。
- 不要边打字边开车。这是一种危险且不负责任的行为，在很多地方还是违法的。如果你急需联系某人，先把车停好。

何时把手机关机或静音：

- 在就餐时。
- 在重要的家庭聚会时。
- 与人面对面交流时。
- 在电影院、图书馆、餐厅、宗教场所、教室以及其他的公共场合。
- 在工作中（永远）。

如果你不确定是否要将手机关机或静音，那就直接关机。

在线贴士：在录取你之前，大学的招生处负责人会查看你的社交媒体和网上资料[④]。一定要确保你在网络上的声誉良好，不要发布有争议或不合适的内容或照片。

你面前的人比你的手机更重要。

——艾米·陈（Amy Chan），关系顾问

礼貌的举止助力成功!

说"请"和"谢谢"

礼貌的举止永远不会过时。在各种社交和商业场合中,礼貌是不可或缺的。

说"请"

向家人、朋友或者顾客提出请求时,要说"请"。比如:"**今晚请把车借给我,可以吗?**"或者"**请您不要关门,可以吗?这样更方便我们给您的后院除草。**"语气要真挚诚恳。

说"谢谢"

当别人为你做了某件对你有好处的事情时,要说"谢谢"。在表达感激之情时,"谢谢"这两个字再怎么重复也不为过。

即使请求被拒绝,也要说"谢谢"。"今天不可以"不代表"永远不可以"。无论你的父母有没有把车借给你(你的顾客有没有购买商品或给予捐助),他们都花了时间来考虑你的请求。举止得体,言语礼貌,那么下一次你提出请求时可能就会听到肯定的答复。

顾客离开时,要感谢他们的光临,热情真诚地说一句"谢谢",或者说"感谢惠顾,期待再次与您相见"。

有时候,打一通电话、寄一封信或者一张卡片既得体又有意义。比如:收到祖父母赠送的礼物时,不要只是发短信或邮件感谢他们,而是给他们打个电话表示感谢之情,或者寄一张感谢卡片、写一封表达感谢的信。这件事要在收到礼物的五天内完成。

说"不客气"

别人说"谢谢"时,要微笑着回应,礼貌地说一句**"不客气"**。不要用**"没问题""当然"**或者**"行吧"**来回答,要给予别人最大的尊重。

在线贴士:在电话沟通或网络沟通时,也要说"请""谢谢"以及"不客气",这和在面对面沟通时一样重要。

太紧了！　　　　　太松了……　　　　　刚刚好！

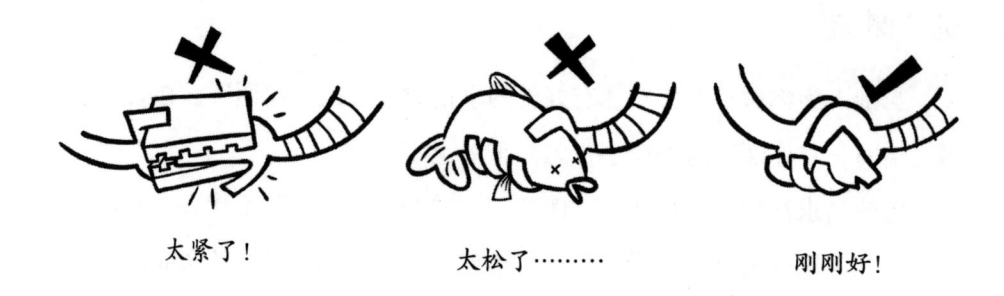

坚定有力的握手传达出：我很自信、坚定、专业。

坚定有力地握手

一个坚定有力的握手能够创造出积极的第一印象。从与你的握手开始，人们形成对你的长久印象。

如何做

1. 微笑，看着对方的眼睛。
2. 向前方伸出右臂，手臂要略高于腰部位置。
3. 有力地握住对方的手，上下晃动右臂两到三次，每次维持两三秒，同时说："您好，我是（自己的姓名），很高兴见到您，（对方的姓名）。"

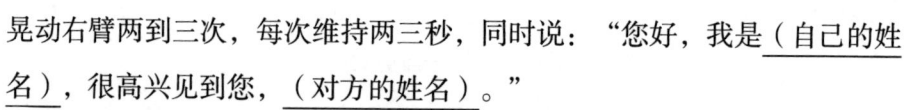

要站着握手，绝对不要坐着和人握手。

小贴士　你可以用碰肘、碰拳或简单地招手来作为替代握手的方式问候别人。

> 熟练掌握握手礼仪的学生更有可能得到录用。[5]

第一印象定江山。

——威尔·罗杰斯（Will. Rogers），美国幽默大师，演员

为生活增添意义——建立良好的友谊关系。

介绍自己：交朋友

朋友是那些你喜欢且信任的人。记住这条黄金法则非常重要：**将心比心**。

对人要友善、礼貌，不要忘记微笑，不要害怕主动和你想要结识的人交谈。去交个朋友吧！

如何做

1. 跟人打招呼时面带微笑，热情地说"你好！"
2. 与对方握手，介绍一下自己，说："我是（你的姓名）。很高兴见到你。"
3. 简短友好地和对方进行第一次交流，**把注意力**放在对方身上。可以问问他们过得如何："见到你太好了。今天过得怎么样？"如果合适的话，给予一个真诚的赞美："我真的很喜欢你的毛衣。"

4. 问对方一些问题，让他说说自己的事："你在哪里上学？"或者"你假期去了哪里？"

5. 认真倾听。也许很快你们就能找到可以谈论的共同兴趣和经历。

6. 只要曾经见过某个人，那么下次再看见对方时，不要迟疑，去和他说话。良好的友谊就是这样建立起来的。

如果你能轻松地去认识新朋友，那么在工作中主动与人交谈也会更加容易。知道了如何交朋友，就会知道如何帮助别人。借助必备的人际交往技能，你将会顺利地走向职场。

> 友情是一种被低估的资源。⑥

在线贴士：想知道更多第一次见面时可以交谈的有用问题，请访问 www.Smilethebook.com，并点击"Free"。

交朋友的唯一方式是成为别人的朋友。
——拉尔夫·沃尔多·爱默生（Ralph Waldo Emerson），美国散文家、演说家、诗人

脱颖而出！做一名好的倾听者。

重视别人

倾听是一个必备的人际交往技能。通过倾听可以建立起信任，展示出真诚，表现出你的在意。要想建立牢固的积极的关系，倾听是必不可少的。

从本书中，你能够学到尤为珍贵的技巧之一是**重视别人**。

如何做

- 良好的眼神交流。
- 注意倾听对方在说什么。
- 必要时通过询问来确认。
- 参与到对话中去。
- 先让对方把话说完再做出回应。

众多研究表明，倾听是取得商业成功所需的首要技能。[7]

人们常犯的一个错误是不认真听别人说话。如果在别人话还没讲完时就插话，打断别人，会容易导致误会的产生。

我们习惯于通过询问来确认一件事。有时候讨论的话题有争议，或让人不舒服，我们就会表达而顾不上用心倾听了。重视朋友、家人和顾客，这有助于你在生活和工作中取得成功。

不高兴的顾客

在一家餐厅用餐时，我跟服务员要一些美味的大蒜黄油。但是服务员忘记了，我又提醒了他一遍。他本来有办法能记住我的需求的，他只要重复一遍，说："我马上为您拿来大蒜黄油。"但后来服务员回到我们的餐桌时，带来的却是橄榄油。他错失了和顾客建立良好关系的机会，也错过了赚取更多小费的机会！

"listen"（倾听）和"silent"（安静）这两个词汇中有相同的字母，所以沉默就是最好的倾听。

——阿尔弗雷德·布伦德尔（Alfred Brendel），奥地利钢琴家、诗人、艺术家和作家

热情的你会给人留下积极而深刻的印象。

热情

热情具有感染力——就和笑容一样。热情象征着兴趣、兴奋和热爱。

你是否曾和这样的人打过交道？他们看起来非常冷淡、不耐烦或者反应迟缓。你要知道，积极乐观的精神面貌会给人带来截然不同的感受。和热情洋溢的人在一起会让你充满活力和魅力。展现热情不需要声调高昂，也不需要太过夸张，做你自己就好。真诚一点，不要用力太猛。

在工作中，想想假如你是顾客的话，你想和什么样的人打交道，那么就做什么样的人。在帮助顾客时你展现出的发自内心的热情、积极的态度和投入会让顾客感到愉悦。不管是做粉刷工作、帮人看孩子、在烘焙店工作、做景观美化，还是当一名野营向导，你的热情都会让别人感到开心。

成功的真正秘诀是热情。

——沃尔特·克莱斯勒（Walter Chrysler），克莱斯勒公司创始人

提出问题

良好的对话离不开一些具体的开放式问题。开放式问题以**何人、何事、何时、何地、何种原因**或者**何种方式**开头。

开放式问题不能简单以"是"或"不是"来回答,这为对话的进一步发展打开了大门。

示范:封闭式问题
你:"去佛罗里达玩得开心吗?"
朋友:"开心。"

示范:开放式问题
你:"你在佛罗里达做了什么有意思的事吗?"
朋友:"我们一家人去了迪士尼。我们在海边游泳,还在户外吃了很多美味的海鲜。"

> **在线贴士**:当急需处理某个复杂事件或个人问题时,比起发文字消息,和对方面对面交流或者通过电话沟通会更有效。

提出正确的问题和给出正确的答案需要同样多的技巧。
——罗伯特·哈夫(Robert Half),猎头公司罗致恒富创始人

使用积极的肢体语言，传递正确的信息。

使用合适的肢体语言

一定要注意自己的肢体语言。 肢体语言比你想象得更能展示出你是什么样的人，要让别人看到你的自信、积极的态度以及专业的表现。

如何做

- 微笑。
- 直视前方，与对方保持良好的眼神交流。
- 避免低着头往下看。
- 站直身体。
- **精神饱满，平易近人。** 双臂舒展，置于身体两侧（不要交叉抱胸）。
- **尊重他人的个人空间。** 通过观察对方与你的距离判断他们的舒适区。

君须自敬，人乃敬之。[8]

——孔子，中国哲学家

2

找到工作

运用人际交往技能
成为沟通专家

找到一份工作能够增强自信！

找工作

找工作极具挑战性，尤其当你还很年轻的时候。大多数情况下能通过关系网找到工作，和老师、家人、教练、朋友、父母，或者任何能为你提供建议或人脉的人聊一聊。（这就是所谓的关系网。）

学校里的辅导员或者就业部门也可以为你提供帮助，通过网络搜索也可以获得一些求职网站的信息，但有时候你可能需要请大人帮你分辨这些信息的真实性。你也可以看看报纸上的分类广告栏。

有很多类型的工作可供选择，比如清理泳池、帮人看孩子、在建筑工地工作、坐办公室、做高尔夫球童或者修剪草坪等。可以问问邻居是否愿意雇你给他们修剪树篱、到商店买东西或者帮忙跑腿。

不要等到放暑假才开始找季节性或暑期工作，要有效地利用时间。

找工作要尽早，从一月份就要开始。许多企业会在初夏就结束招聘，不要忘记，许多要找暑期工作的大学生比高中生更早放假。如果你觉得自己做好了长期工作的准备，而且你的父母也同意的话，那就立刻开始找工作。

第一份工作可能不是自己理想中的工作。也许你是和家里的朋友一起工作，也许是在父母或亲戚认识的人那里工作，不要羞于这一点。第一份工作非常重要，能够让你获得经验和宝贵的培训机会。第一份工作顺利的话对你之后做其他工作将大有裨益。

> 如果学生在上学期间有工作经历的话，那么他们有更大概率成功毕业。①

一旦确定了自己的求职目标，就按照公司的招聘要求去做。有的公司要求提交简历和求职信，有的公司要求递交或者在线上填写一个简单的申请表。申请表要填写得完整准确，书写字迹要工整。

在面试之前了解一下应聘的公司。在邀请你面谈之前，公司可能会先进行一次电话面试。要积极乐观，热情礼貌，回答问题要完整。运用你的人际交往技能，让面试官相信你是最合适的应聘者，也许他们会让你参加第二轮和第三轮面试。

如果想找的工作地点就在附近，比如零售店或者餐厅，通常情况下你可以直接走进去问问这里是否在招人。记住，这是你和这家用人单位的第一次接触，隆重一点。亲自去拜访，并事先在网上查一下这家用人单位，尽可能多些了解。着装要整洁，你在打造别人对你的第一印象。你可以微笑着说："我对在这里工作很感兴趣。请问我可以填一份申请表吗？"

多做一些准备，而不仅仅是询问是否有工作机会，对方可能会当场问你一些其他问题。为让他们满意，可以带上一份自己的简历和推荐信。

如果对方表示说："我们现在不招人。"就问一下："请问我可以填一张申请表吗？以后如果有工作岗位

代看孩子

一份看起来很专业的求职信和简历会给雇主留下深刻的印象。

的话可以联系我。"如果一两周内没有收到消息，打个电话或者亲自去问一下是否有工作空缺，这展示出你的主动性和对这个工作的兴趣。坚持不懈，但不要纠缠不休。

把专长变为工作

在大学里，我参加了帆板冲浪课程，并尽所能学习了关于这项运动的知识。大二时，我通过了面试在一家帆板专卖店工作。我的专业知识和热情让我获得了一份工作！我做销售的工作，同时还教授帆板冲浪课。之后，我利用这项专长开创了自己的事业。你们也可以把自己的专长变成工作！

在线贴士：准备一份规范得体的求职信和简历，把你所掌握的人际交往技能写进去。获取求职信和简历模板，请访问 www.Smilethebook.com，并点击"Free"。

永不言弃。

——温斯顿·丘吉尔（Winston Churchill），英国前首相

手中持有推荐信，你离得到工作就更近一步。

准备有用的推荐信

要想找到梦想中的工作，好的推荐信是很重要的一部分，推荐信会使你在就业市场上更有信服力。提前做好计划，不要等到需要的时候才去准备推荐信。

许多雇主会借助推荐信来判断求职者是否具备高尚的品德、良好的职业道德以及优秀的人际交往技能。在别人家里或公司工作意味着要承担一项很重大的责任，对方可能会把工作场所的钥匙交给你保管。永远要保持专业。

在把别人列入推荐人名单之前，一定要征得对方的同意，可以找两三个了解你的能力和性格的非亲属人士，问问他们是否愿意当你的推荐人。

如何做

"琼斯先生。我正在准备找工作。请问我可以把您写进我的推荐人名单中吗？"然后询问下面这些信息：

姓名

工作单位

地址

城市，邮政编码

电话

电子邮件

附上以下信息：

此人与你的关系

你与此人相识的时间

在推荐表最上方，写上你的名字、完整的地址和联系信息，然后列出每位推荐人和他们的详细信息。将这些内容打印在一张白色的 A4 纸上。

在线贴士：想要了解更多有关推荐信的信息，请访问 www.Smilethebook.com，并点击"Free"。

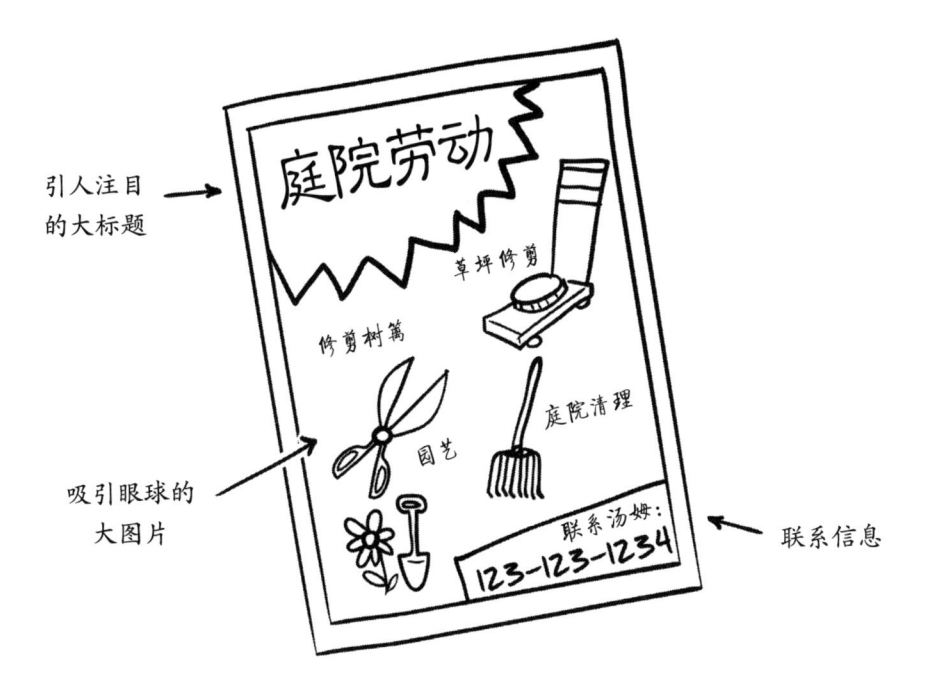

一份精心设计的传单能为你招揽生意！

开创自己的事业：从发传单开始

如果你拥有自己的事业或者打算创业，可以向潜在的顾客进行宣传。制作一份传单，推广自己的业务，在上面列出具体的商品或服务项目、技术类型及其价格。

传单 A4 纸大小即可，内容要简洁。用电脑设计编辑传单上的信息，如果你或你的朋友写字好看的话，也可以手写。

在线贴士：要了解有关制作业务宣传单的更多信息，请访问 www.Smilethebook.com，并点击"Free"。

许多小事是通过适当的宣传做大的。

——马克·吐温（Mark Twain），美国作家，以幽默诙谐著称

着装得体

自信的微笑

口气保持清新

最新的简历以及推荐信

把衬衫掖进裤腰

做好准备，给面试官留下深刻的印象！

为面试做准备

争取留下良好的第一印象。

如何做

- 至少提前 15 分钟到达。
- 关闭手机和其他电子设备，或者将其调成静音模式，放在视线之外。
- 呈现职业形象。根据工作的不同，男性应当穿衬衫和西裤，也可以考虑穿件短外套，打领带。女性应当穿宽松的衣裤或裙子，也可以考虑穿件短外套。

- 尽量不要穿牛仔裤、T恤、运动鞋，不要戴帽子和穿人字拖，尽量不要在看得见的身体部位穿孔佩戴饰品，把文身遮住。
- 保持头发整洁，露出整个面庞。
- 带上你的简历和推荐信。
- 自信，积极乐观，微笑，必要时做深呼吸。

在去面试之前，回顾一下本书中介绍的十大人际交往技能（第2—17页），这会让你更加自信。

为意外情况做准备。作为一名招聘者，我曾经见到过许多申请工作的青少年。如果应聘者掌握必备的人际交往技能，而且穿着得体的话，那我会当场面试他们。

小贴士 确保你的语音信箱问候语礼貌得体，这样有助于你给别人留下良好的第一印象！

在线贴士：在面试之前，先在网上调查一下应聘的公司，准备一些与工作相关的问题。要获取更多有关信息，请访问www.Smilethebook.com，并点击"Free"。

附加在线贴士：许多招聘者会在网上搜索关于你的资料，如果他们发现在这方面有任何问题，可能就不会录用你。所以，确保你的声誉很好！声誉是无价的。

> 做事情不要心存侥幸。无论是友谊还是机遇，都是一步一步努力得来的。
>
> ——芭芭拉·布什（Barbara Bush），美国前总统夫人

让他们知道，你想得到这份工作！

游刃有余地面试

你所展现出来的个人形象将决定你能否得到工作，为此如果你掌握了良好的人际交往技能，将大有助益。

如何做

- 积极热情。
- 身体坐直。
- 认真倾听，微笑，保持良好的眼神交流。
- 不要嚼口香糖。

坐直，微笑，
保持良好的眼神交流，
同时注意倾听。

- 准备好简短的自我介绍。
- 常见的开放式面试问题包括"介绍一下你自己"以及"你为什么想在我们公司工作？"
- 准备好回答你为什么对这份工作感兴趣，比如："我想在这个夏天赚些外快。"
- 着重强调你能应用到这份工作上的技能和经验。如果之前没有经验，那就告诉对方你想要去学习。
- 诚实地回答问题。不要夸大其词，也不要胡编乱造。如果你不知道如何回答，告诉对方你所知道的东西，并表明你有兴趣去进一步学习。
- 当面试官询问你是否有问题的时候，问一些和工作以及工作职责有关的内容。把诸如休息日、薪酬、假期和病假之类的问题留到面试结束或第二次面试时再问。
- 感谢面试官。微笑，保持良好的眼神交流，用力握下手。
- 问"接下来该做什么呢"或者"我什么时候能收到您的答复呢"。

面试后

- **回到家后，立即给面试官寄一封打印的、正式的感谢信，不要拖延。**这看起来可能是件小事，其实不然，这很有可能就是你得到工作的原因。
- **在同一天给面试官发一封感谢邮件。**为什么这两项都要做呢？因为你想得到这份工作，而且这样做很有礼貌。
- **如果一周后没有得到回复，给他们打个电话，询问对方是否已经做了决定，让他们知道你对这个职位依旧很感兴趣。**

在面试中，要以最自信的状态，尽已所能地把能力展现出来。

最后，用《我也可以工作！青少年自信沟通手册》为你的面试增添筹码。举着书大声说："我读了这本书。我掌握了必备的人际交往技能，这会让我成为一名优秀的员工！"

在线贴士：发一条感谢短信或一封感谢邮件仅仅是对让你参加面试表示感谢的第一步。一封打印的感谢信才表明你真的重视此事，这可以帮助你从众多面试者中脱颖而出，也让招聘者又多了一个录用你的理由。获取感谢信模板，请访问 www.Smilethebook.com，并点击"Free"。

附加在线贴士：在面试前、面试中和面试后感到紧张是很正常的。提前为面试做准备能够帮助你缓解焦虑，可以请朋友或者家人帮你进行一次模拟面试。更多问题，请访问 www.Smilethebook.com，并点击"Free"。

保住工作

一旦找到了工作,你就会想努力保住它。

如何做

- 听从指示
- 与人沟通时表达清晰
- 准时
- 热情
- 学着自我约束
- 对指派的工作负责
- 能够在没有监督的情况下工作
- 尊重他人
- 积极地接受指示

> 新员工最常犯的错误是着装不专业。[②]

为什么许多年轻人会失去工作?

- 迟到或缺勤
- 不努力与他人相处
- 不积极学习,没有良好的工作习惯

记住,永远要对拥有工作心怀感激。满意的雇主是未来工作的最佳推荐人。

<blockquote>
卓越不是一种技能,而是一种态度。

——拉尔夫·马斯顿(Ralph Marston),前职业足球运动员
</blockquote>

做好准备

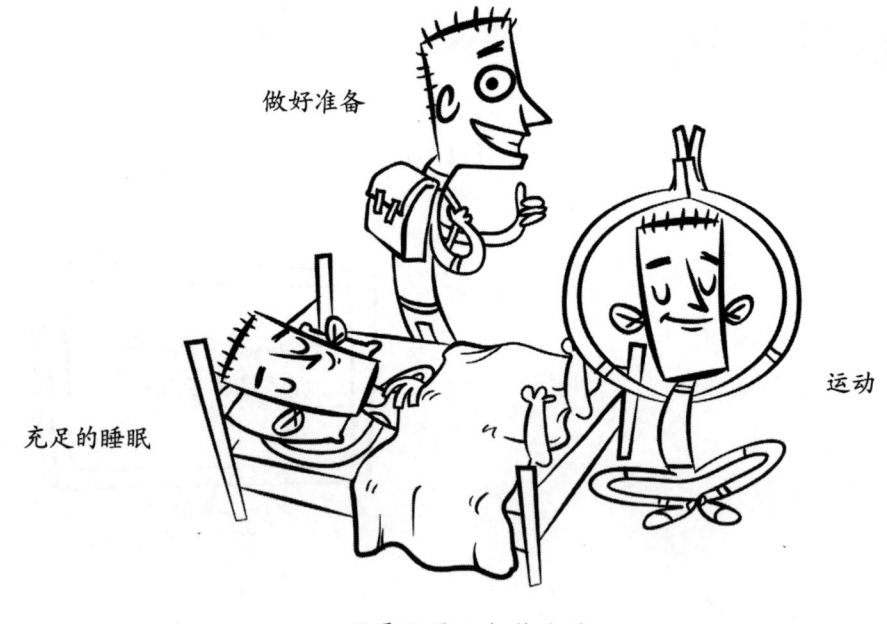

充足的睡眠

运动

不要让压力把你击垮！

克服压力

应对压力就像是为一场大型的足球比赛或演讲做准备。要事先做准备，还要保证饮食合理，睡眠充足，以展现出自己最好的状态。

压力过大会影响你的身体健康和对生活的看法，还会影响你在学校和工作中的表现。好消息是，有一些简单的方法可以用于应对压力。

记住微笑的重要性，微笑不仅对他人重要，对我们自己也很重要。试试这样做：噘起嘴，摆出愁眉苦脸的样子，抿紧嘴唇，嘴角向下，然后试着对自己说一些积极的事情。很难做到，对吧？

现在再试试，面带着微笑说同样的事情，微笑会让你的身心更易于接纳自己所说的话。当你对其他人微笑的时候，起到的效果也是一样的。

尽管压力在我们的生活中很常见，但一定程度的压力能够激励我们把事情完成。克服压力，在生活和工作中做到最好[3]。

如何做

- 乐观地看待自己和他人。对你的朋友、家人、同学、老师、顾客和同事微笑。我们经常说或想一些消极的事情，而事实并非如此，比如："我做不到""我讨厌那样""我太差劲了""我不够有吸引力"。不要让消极的想法支配你。与其消极悲观，不如积极乐观地看待自己。

> 据报道，有49%的青少年因为压力而睡眠困难。[4]

- 锻炼或者做运动。活动身体能够缓解压力，比如遛狗、跑步、做瑜伽。
- 读书。
- 培养一项新的爱好。
- 帮助他人；当一名志愿者。
- 冥想。
- 集中注意力深呼吸。尽可能深吸一大口气，再缓慢平稳地呼气。在这个过程中放松身体，感受压力慢慢消失。
- 和积极乐观的人待在一起。
- 发掘生活中的各种趣事。
- 原谅并忘记。
- 花时间定期与家人和朋友讲一讲生活中的事情。
- 分清你能做到的事情和不能做到的事情。采取行动去做自己能改变的事情，学着接受那些自己做不到的事。
- 把大任务分解成更容易完成的小任务。
- 必要的时候开口请求帮助。

也许你能够把一些技能变成一份工作。我有一个好朋友喜欢打高尔夫球，他在高中的时候加入了高尔夫球队，然后在高尔夫球课上得到了一份球童的工作。所以我想强调的是什么呢？那就是扩展你的兴趣爱好和活动范围，把爱好转化为工作。

在线贴士：想了解更多有关如何克服家庭和学校生活中的压力的方法，请访问 www.Smilethebook.com，并点击"Free"。

无论你认为自己行还是不行，你都是对的。

——亨利·福特（Henry Ford），美国实业家，福特汽车公司创始人

3

以礼待人

更多在生活、工作和志愿服务中

实用的人际交往技能

真诚地道歉

无论你多么擅长处理人际关系，有时候也难免犯错。掌握道歉的时机和方式是一项重要的社交技能，正确的道歉方式有助于建立和维持健康的关系。

道歉并不能改变已经发生的事情，但确实是表明一个人为自己的行为承担责任的做法。道歉往往很难，却很重要，一定要以正确的方式道歉。

如何做

1. 说："我很抱歉＿＿＿＿＿＿。"（说清楚为什么而道歉。）
2. 也许你以前只是简单地说一句"对不起"或者"不好意思"，但这是不够的。
3. 真诚一点，道歉的时候态度要认真。
4. 等待对方的回复。

示例

- "我很抱歉在背后说了你的坏话，我不会再这样做了。"
- "很抱歉忘记了您的咖啡，这是为您准备的一份免费甜品。"

道歉的话可能很难说出口，却会让世界大不相同。

在线贴士：在网上表示歉意不是不行，但是当面道歉的效果永远是最好的。有关道歉的更多方法，请访问 www.Smilethebook.com，并点击"Free"。

道歉是生活的强力胶，它几乎可以修复任何东西。

——琳恩·约翰斯顿（Lynn Johnston），加拿大漫画家，其代表作是《更好或更坏》(*For Better or For Worse*)

"你好，塔米！"
"嗨，乔希！"
"嘿，史蒂夫！"

当你叫出别人的名字时，对方会对你有更深的印象！

称呼对方的姓名

给一个人留下良好印象的好办法之一是记得他/她的名字，并以此称呼对方。人们喜欢听到自己的名字被人叫出来！

如何做

1. 微笑。
2. 看着对方的眼睛。
3. 热情地打招呼："你好，（对方的姓名）。"

不要以为直呼成年人的名字没什么大不了的，除非他们是你关系亲近的朋友或家人，并且允许你用名字称呼他们。面对成年人，可以称呼其先生、夫人（已婚女性）、女士（如果不确定对方是否已婚）、老师，同时加上对方的姓氏。

姓名的发音要准确，如果你不确定该怎么读，大胆去问。

如果你正在接待一名顾客,却不知道他/她的姓名,试试以下办法。

如何做

1. "你好。我的名字是(自己的名字)。"
2. 如果对方没有回以自己的名字,随意地问一句:"你呢?"

在线贴士:无论是在线打字还是手写,当自己的名字被写错时,人们总能注意到。拼写要准确,可以在网上搜索一下正确的拼写方法。

> 无论使用哪种语言,当你的名字被人呼唤时,
> 那个声音都是最甜美、最重要的。
>
> ——戴尔·卡耐基(Dale Carnegie),著有《人性的弱点》

做好准备

适当的准备能够避免糟糕的表现。如果你在生活中做任何事时都遵循这条建议,那么你将领先别人一步。

提前准备好一切所需要的东西。这样不仅能给你带来自信,也会建立起他人对你的信任。

如何做

- 为意外情况做准备。
- 在家里完成家庭作业。
- 在睡觉之前把第二天需要的东西都准备齐全:背包、衣服、作业、午餐以及学习用品。
- 临时抱佛脚几乎行不通。

> 当你准备充分的时候,人们会觉得你很懂行。①

对有的人来说,做事似乎很容易,但是你可能不知道在"幸运"的背后,他们做了多少准备。

格雷厄姆是一名高一学生,他读了我的第一本书,掌握了人际交往技能,然后找到了一份工作,并把这些技能应用到了工作中。老板会根据格雷厄姆的日程表给他安排工作,而且他还是唯一一个得到允诺可以随时去工作的员工。格雷厄姆看似非常幸运,但这是他做好了充分准备并努力工作的结果,这就是他做事情"轻而易举"的原因。好消息是,你也能做到。

> 给我六个小时砍一棵树,我会先用四个小时磨斧头。
>
> ——亚伯拉罕·林肯(Abraham Lincoln),美国第16任总统

打造良好的第一印象！

着装得体

人们对你的印象形成于见到你的最初几秒钟内，不可否认，人们确实会以貌取人。

许多企业都有着装规范，有些要求很随意，有些则要求相当职业。有的公司会提供统一的制服。如果公司没有告诉你着装要求，一定要提前问一下。

如果你不确定自己的穿着是否符合公司的着装要求，穿得职业一点儿总是没错的。

衣服要干净整洁，制服也是一样。定期洗衣服，必要的话可以熨烫一下。鞋子干净，没有破损。确认一下公司的着装要求，看看是否允许佩戴首饰。

关于看得见的文身和身体穿孔佩戴饰品，有一句忠告：有些招聘单位可能会对这些方面有所限制。

注意仪表、仪容。无论在哪种场合，打扮得体、衣着干练都是最好的。

确保身上闻起来没有异味，每天都要淋浴或泡澡，不要喷太多香水或古龙水，因为有的人对气味很敏感。保持指甲干净，头发整洁。随身携带口香糖，保持口气清新！

在线贴士：如果想在日常不常穿的工作服装上少花钱，可以看看二手网站或者搜一下附近的二手商店。

在做任何事之前，有所准备是成功的关键。

——亚历山大·格雷厄姆·贝尔（Alexander Graham Bell），电话发明者

你在工作"舞台"上的一举一动都能被看到。

保持专业

顾客/客户最不想听到员工抱怨工作或者谈论其个人生活。
你需要一直保持专业,你的一言一行都体现着职业形象。

如何做

- 专注于分配给自己的任务,工作结束后再处理私人事情。
- 工作场合的谈话要积极正面,公事公办。
- 不要抱怨,不要和同事在顾客面前谈论私人话题。
- 要知道,即使你没有和顾客面对面,他们也可能听到你所说的话,比如在以下场所中:更衣室、快速窗口、等候室、服务台,还有储藏室。
- 不要对你的雇主或者生意做出负面的评价。

- 当生意不景气时，可以多做一些事，问问上司有什么地方需要你帮忙。
- 在工作中展现自己的一些优势，主动去完成额外的任务。

在线贴士：无论有没有顾客在场，都要使手机处于静音状态，并将其放置在视野之外。工作时用手机打电话或者发信息会给顾客留下负面印象。

不好

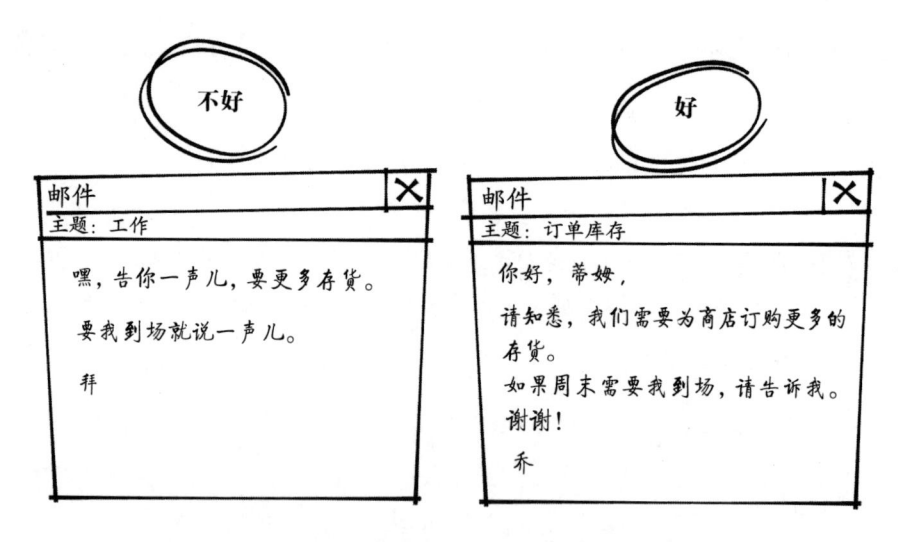

邮件　　　　　　　　　　✕
主题：工作

嘿，告你一声儿，要更多存货。
要我到场就说一声儿。
拜

好

邮件　　　　　　　　　　✕
主题：订单库存

你好，蒂姆，
请知悉，我们需要为商店订购更多的存货。
如果周末需要我到场，请告诉我。
谢谢！
乔

你说的每一句话、写的每一个字都代表了你这个人。

讲究电子社交礼仪

你的表现体现在方方面面——无论是发短信、发电子邮件，还是使用社交媒体。

如何做

- 语言表达得体。语法正确，标点符号使用得当。
- 句子完整。
- 单词拼写要完整。不要随意使用网络流行的缩写词，比如"3Q"（谢谢）。
- 标题适当且明确。
- 适当的**问候语**和**结束语**。
- 说"**请**"和"**谢谢**"。

书写得当的电子邮件在一定程度上代表着你的专业能力。[②]

- 在发送或发布之前，对你写的每一条信息进行校对，检查拼写，读几遍。

收发电子邮件是工作中的一种交流方式，同样需要遵循相关的规范。无论是受雇于人还是为自己工作，把这些小事做好，将会使你脱颖而出。

不要贪图省事！

如果你使用短信与工作伙伴沟通，短信语言同样也需要恰当地组织。**不要仅仅因为想少打点儿字就缺文少字**，书写不得体的短信被认为是不尊重人且无礼的。

在线贴士：情绪激动会显得你一点儿都不专业，避免使用过多的感叹号。

熟悉产品和服务，你就是专家。

了解自己的业务

  尽可能去了解自己所从事的业务和具体的工作职责，比如：将工作时间、产品价格和工作流程熟记于心。公司提供的培训也许够用，也许不够用，你自己可能需要主动去学习更多东西。你的目标是成为一名模范员工，能够游刃有余地处理顾客的疑虑与问题，确保你的顾客满意。

  我企业中的员工不仅拥有出色的人际交往技能，对我们的产品也了如指掌。我们还尽可能地去了解竞争对手，知己知彼让我们能够更好地服务顾客，进而使我们的销量增加。

知识就是力量。

——弗朗西斯·培根爵士（Francis Bacon），英国哲学家、政治家、作家

让顾客轻松地与你沟通

当顾客提出合理的需求时，要以"**好的，我这就去做！**"或者"**我帮您查看／问一下！**"来回复。

永远都要倾听顾客、客户或病人所说的话。尽自己所能去帮助他们，满足他们的需求。事实上，如果这件事对顾客不重要的话，那他们就不会开口询问了。

永远不要说"我不能"，永远不要把"这是我们的规定"当作拒绝顾客请求的理由。

示范

顾客："我要一个至尊比萨，可以不放洋葱吗？"
你："我帮您看一下是否可以不放洋葱。"
顾客："谢谢你！"
你："不客气。"

顾客："我们周四晚上要招待客人，我知道你通常在周五来修剪草坪，可以请你改到周四修剪吗？这样聚会的时候草坪看起来会齐整一些。"
你："没问题，我很乐意这么做。"
顾客："非常感谢。"
你："不客气。"

顾客："我忘记带我的新医保卡了，需要出示吗？"
你："抱歉，因为是新卡，所以需要出示。"
顾客："我明白了，我回去取。"
你："感谢您的理解。"

如果你帮不了顾客，或者没有权限解决他们的问题，那就找一位有权限的人来处理。如果其他人没空帮你的话，告诉顾客，你或者你的上司稍后会为他们解决此事。在纸上记下顾客的名字、电话号码和当天的日期，之后交给你的上司。勤快一些，不时地向上司跟进一下这件事。

> 平均来算，人们会把一次良好的顾客服务体验分享给15个人。③

小贴士 在工作中努力、勤奋，不仅会让你的顾客和老板满意，也会让你自己和你所在的企业获得顾客的敬意和忠诚度。

与其说不可以，不如找到办法说可以！
——柯特·马内克（Kirt Manecke），本书作者

养成跟进工作进度的习惯。

实时跟进

实时跟进有助于销售成功,也是向顾客提供卓越服务的关键。要及时与顾客跟进工作进度。

电话

第一时间回电话,至少要在工作日结束之前回复,最晚不能超过 24 小时。如果顾客没有接听,要留下你的姓名、公司名称和电话,以及打电话的事由。

邮件

回复顾客的咨询邮件越快越好,尽量在工作日结束前回复,最好不要超过 24 小时。

> 语音信箱里的留言要在 24 小时之内回复。④

社交媒体

对于社交媒体上的咨询则需要更快地回应。调查表明,32% 的顾客希望能在 30 分钟内得到回复,42% 的顾客希望能在 60 分钟内得到回复。⑤

面谈

当顾客在等待商品供应或服务时,你需要定期去跟进。让他们实时掌握有关信息,比如:你到达的时间、顾客的订单状态或者订单处理延误情况。

以下是几个例子:

- 在饭店,每 15 分钟告知顾客其菜品是否已备齐。
- 将订单处理的进展情况告知在等候室中的顾客。
- 如果顾客不在现场,而是其他地方,告知顾客最新的进展情况也很重要。比如:如果顾客正在等待维修车辆,需要让顾客知道什么时候能轮到他们。自始至终,都需要定时向顾客跟进进度。

不要让顾客感到茫然无措、未得到尊重或者被忽视。

小贴士 在任何情况下都要言出必行。许多企业因为忽略了这一简单法则,而最终失去了顾客。如果你告诉某人"马上打回去"或"马上回来",就一定要做到!让顾客知道,你是值得信赖的。

> 想要变得更好,顺其自然总能达到。只要每次专心招待一名顾客,并尽力提供最好的服务即可。
>
> ——加里·卡莫(Gary Comer),LANDS' END(服装公司)创始人

4

将心比心

更多实用的人际交往技能和客户服务沟通技巧

及时礼貌地招待顾客。

即使你正在忙，也要问候顾客

你是否曾经走进某家店里，却被店员视而不见？让顾客感到被忽视的情景太多了，在饭店、商店、酒店、医院或者牙科诊所时有发生。顾客如果没有被及时招呼，就会选择离开，然后把钱花在别处。不要让这种事发生！

立即问候新顾客。

如何做

1. 微笑。
2. 热情地问候"您好！"
3. 看着顾客的眼睛说："我很快就来"或者"请您稍等，我招待完前面的顾客之后马上就来。"

当你开始接待下一位顾客时，对他说："感谢您的等候！现在我能为您做些什么呢？"

如果你知道自己一时抽不出时间，就告诉顾客："您好，我现在有客人。**我找个人来帮您。**"跟正在接待的顾客表示一下歉意，说自己先离开一会儿，然后找人来帮助自己招呼等待的顾客。

> 在日常购物时，如果觉得服务人员不在意自己，70%的顾客会选择去其他店里消费。①

> 每个人的身上都有张隐形的标签，上面写着："重视我。"和人打交道时，永远不要忘记这一点。
> ——玫琳凯·艾施（Mary Kay Ash），玫琳凯化妆品有限公司创始人

你觉得她会等多久呢？

哒！哒！哒！

及时帮助顾客

无论是在医院等待就诊、在银行排队办业务，还是在家里等待服务上门，或者是在电话中等着对方完成一项交易，对于等待，很多人都不耐烦。

在去年，有三分之二不满意的顾客是因为某家店的服务太糟糕而离开。[2]

多加留意那些正在等待服务的顾客。如果没人帮助他们，走过去看看自己是否能做些什么。

如果已经有人在招待顾客，看一下是哪位同事。

问问是否有需要你的地方，让事情处理得更快一些。通常情况下，你都能帮得上忙！

在线贴士：在这个快节奏的信息时代里，即使等待时间短暂也令人觉得无比漫长。让顾客知道你在尽最大努力让他们少等一会儿，这尤为重要。

> 下午好，这里是蒙哥马利旅馆。我是亚历克斯，请问我能为您做些什么？

你的笑容会透过电话线而"熠熠生辉"！

微笑着接电话

你知道的，给人留下良好的第一印象非常重要，打电话的时候也同样。在工作中接听电话时，你是顾客和公司之间的第一关联人。因此，给顾客留下良好的印象极其重要。

怎么通过电话给人留下良好的印象呢？很简单，那就是接电话的时候面带微笑。

也许你没有意识到这一点，但是微笑实际上会改变你说话的语气。试一试吧！你开心欢快的声音会让顾客和家人朋友都觉得高兴。为你自己和所在的公司打造一个积极的印象吧。

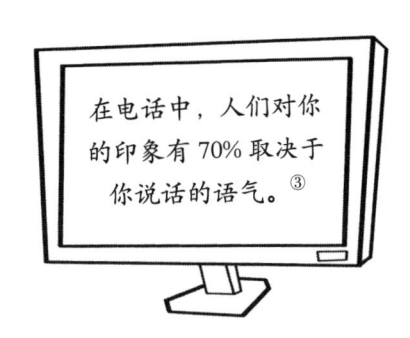

> 在电话中，人们对你的印象有70%取决于你说话的语气。③

如何做

1. 微笑。
2. 说:"早上好(或下午好、晚上好)!"**吐字一定要清晰**。
3. 说出公司的全称。
4. 然后说:"这里是<u>(你的名字)</u>。有什么能够帮您?"

语气要热情、温和,亲切且真诚。

以下是通过电话为顾客提供优质服务的几点建议:

1. 尽量在铃声响两下后接起电话,一定不要超过三声。
2. 如果可以的话,称呼顾客的名字。
3. 不要忘了感谢顾客的来电。

小贴士 如果你难以听清或听懂对方在说什么,可以说:"不好意思。我没太明白。请您再说一下好吗?"

在线贴士:和朋友尝试一下"电话微笑"吧,下一次接听电话时记得微笑。有关更多如何打电话的技巧,请访问www.Smilethebook.com,并点击"Free"。

"小事"见真章!

——汤姆·彼得斯(Tom Peters),著有《小中见大》(*The Little Big Things*)、《追求卓越》(*In Search of Excellence*)

请稍等

请顾客稍等之前，先征得对方同意。

如何做

在请求顾客等候之前：

1. 征求顾客同意。
2. 让顾客知道自己大概要等多久。
3. 感谢顾客的等候。

如果你觉得可能会让顾客等很久，问一下顾客是否可以稍后再打给他。如果顾客同意，一定要记下他的名字和电话号码。

示范

你："请您稍等两分钟，我去看看怎么回事，可以吗？"

顾客："当然可以。"

你："谢谢。我很快回来给您答复。"当你重新拿起电话时，说："感谢您的等候。"

如果等候时间比预期得长，需要再一次致电顾客。

你："非常抱歉。我刚刚跟您说两分钟之后给您答复，实际上需要多花一些时间。麻烦您再等一会儿，或者我记下您的号码，等有结果我再给您打回去，可以吗？"

总之，假如你很忙，即使忙得团团转，接听电话时也要讲求礼节。

"晚上好，这里是乔的比萨店，我是苏珊。请您稍等一下，可以吗？"在让客人等待之前要先得到对方的同意。

接电话时不要只是说:"乔的比萨店,请稍等。"

即使人们可能不喜欢被晾在一边,但如果你以恰当的方式礼貌地征求对方的意见,大部分人是不介意多等一会儿的。很有可能等你有时间服务他们的时候,他们还是蛮开心的。

在线贴士:有关电话礼仪的更多信息,请访问 www.Smilethebook.com,并点击"Free"。

不管你有多忙,都必须花时间让对方觉得自己很重要。
——玫琳凯·艾施(Mary Kay Ash),玫琳凯化妆品股份有限公司创始人

过于凌乱

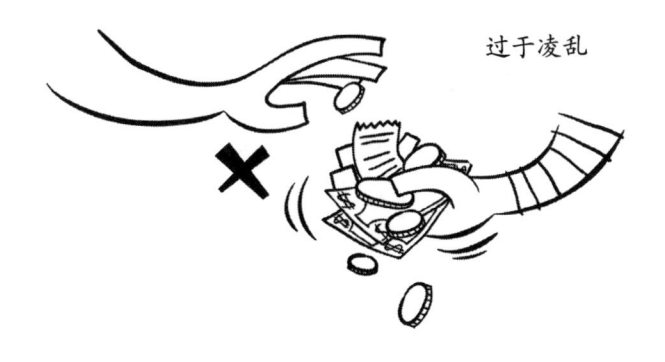

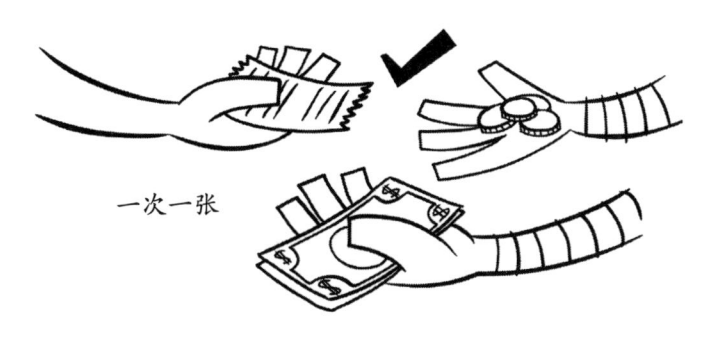

一次一张

仔细把钱数好！

仔细地找零钱

找零时也应该致以微笑，保持良好的眼神交流，**这是顾客购物体验的一部分。**

给顾客找零时，**和顾客进行眼神交流，微笑着把零钱交给他，**让他能轻松地接住零钱将其放进钱包或手袋里。

如何做

1. 先把硬币放到顾客手中。
2. 然后再给纸钞。

3. 不要把票据、纸钞和硬币堆在一起递给顾客，这样会令顾客很难把所有的东西都一一收好。

我有一个朋友在一家连锁快餐店的快速窗口购餐时，收银员先把纸钞递给她，然后把硬币"扔"了过来，结果硬币都掉在了她的车下面。不要像这名收银员一样！

仔细地数零钱

数清楚零钱非常重要，找零的金额不要出错。如果少找了钱，你是要承担责任的。

示范

你："找您 12.67 美元——这是 50、60、67 美分（分别把两个 25 美分、一个 10 美分、一个 5 美分和两个 1 美分的硬币放到顾客手中），然后是 10、11、12 美元（分别把一张 10 美元和两张 1 美元的钞票放到顾客手中）。"

数完找的零钱后，**面带微笑和顾客进行眼神交流**，最后说一句"谢谢！"

小贴士 保持抽屉里的现金整齐有序是一种专业的表现，有助于你快速地给顾客找零。

- 所有的钞票都按照有数额的那面朝上的方式放置。
- 把钞票和硬币放在合适的位置。

5

打开销路

更多有助成功销售和募捐的人际交往秘诀

"我就看看"：让顾客随意选购

当有人跟你说"我就看看"时，那就让他们随意看。不要径直走向顾客突然开始推销商品，以免吓到他们。

告诉顾客，如果他们需要帮助的话随时可以叫你。你可以这样说："好的！我叫<u>（自己的名字）</u>。**我过一会儿再来看您有何需求。**"这样就更容易回到顾客身边，再次和他们展开交谈。

如果顾客继续四处逛，注意不要在他们周围徘徊，有些人确实只是想自己随便看看。你可以时不时从不远处关注一下他们。

留意顾客可能需要帮助的迹象：
- 长时间看向你
- 四处环顾看似找人寻求帮助
- 花很长时间查看某件商品或服务项目

如果已经有同事上前询问过顾客是否需要帮助，而顾客表示"随便看看"，就不要再次询问他了。当你注意到顾客有寻求帮助的迹象时，再走到顾客身边。

> 需要帮忙吗？
>
> 不好
>
> 不用，谢谢。我随便看看。

> 有什么能够帮您的？
>
> 好
>
> 我在找……

开放式问题可以引申出无限多的信息。

永远不要问"需要帮忙吗？"

当你问"需要帮忙吗？"的时候，顾客很容易就会回答"不需要"，然后对话就此结束。

与其这样问，不如问顾客些开放式的问题，比如：

"我能为您做些什么？"

"今天有什么能够帮您？"

"您今天需要些什么呢？"

借助开放式问题，去挖掘顾客的需求和意愿，同时注意顾客的回应。

> 与业绩不太好的销售人员相比，最佳销售人员的好奇心更强。[1]

示范

销售人员："今天有什么能够帮您？"

顾客："我想给我的妻子找一款新的链锯，换掉现在用的链锯。"

销售人员："她现在用的链锯有什么问题吗？"

顾客："没什么问题，只是对她来说拿久了太重了。"

销售人员："斯蒂尔牌的电锯比油锯更轻巧，就算您妻子拿一整天也不会觉得重。这个怎么样？"

顾客："听起来很不错！"

> 没有人在乎你知道多少，除非他们知道你有多在乎。
> ——西奥多·罗斯福（Theodore Roosevelt），第 26 任美国总统

用手指方向会让顾客感到困惑，把顾客带到商品前
可以让你卖出更多！

不要指，带顾客过去看

如果顾客问你某件商品的位置，不要仅仅指一下方向或者只是把货架号告诉顾客。

要把顾客带过去，并向他们展示其正在寻找的商品或某项服务。

不要和这个小伙子一样

最近，我去了附近的一家大型连锁五金店。

我走向一名店员，说道："你好。"他嘟囔了一声。

我问他店里是否卖电线，他答道："嗯。"

我问他电线在哪里，他指了指一大片货架，我又问他电线在哪个货架上。他再次嘟囔道："5号货架。"

千万不要和这个小伙子一样！

小贴士 在零售店工作，把顾客带到他们所寻找的商品前，这是"**必做之事**"，而在其他地方工作，只要有必要，这也是一件"**应做之事**"。

据估计，美国企业每年因糟糕的顾客服务而流失的金额高达83亿美元。②

力所能及地帮助顾客。

不懂就问

有时候你会被问到一些回答不了的问题。**而你,永远不要说"我不知道"**。

你可以诚实地表示:"您问得真好。对此我不太清楚,不过我会找一个知道的人来帮您。"

或者:"我不太确定,但我会去核实一下,马上回来。"

为顾客的问题寻找解决之道是你进一步了解所从事的工作或者自己生意的机会。你了解得越多,就会越来越自信。

一名高效的销售人员必备人际交往技能。

自信地销售

在开始从事新工作前有点担忧是很正常的。如果你的工作内容包含销售,那你可能会更忐忑,你可能会觉得自己是在骚扰顾客。

把销售工作当成是**帮助顾客选购他们需要的东西**,毕竟,如果顾客不需要你的商品或服务,那他们也不会来了。

想一下当自己在购买所需要的东西时,发现销售人员既愿意帮忙又熟悉商品,你心里会多么开心——这才是一名好的销售人员!

帮助顾客选购他们需要的东西,就是在为顾客提供良好的服务。你比较过不同商品的特点和保修条款;你查看过品牌定位,仔细核对了定价。你已经做好了准备工作,那就自信一点,你就是一名优秀员工。

在线贴士:有关销售技巧,请访问 www.Smilethebook.com,并点击"Free"。

我们唯一需要害怕的事情就是害怕本身。

——富兰克林·德拉诺·罗斯福(Franklin Delano Roosevelt),第 32 任美国总统

如果你不开口问顾客需不需要购买,那么可能一直不会有结果。

询问式销售

　　一旦你帮助了顾客,而顾客也做好了购买的准备,那就开口询问他们要不要购买,然后保持安静,不再说话。

示范:询问式销售

　　你:"您要买吗?"然后保持安静。
　　顾客:(沉默着考虑了几秒钟)"你们接受哪些付款方式?"
　　你:"我们接受银行卡、现金或者支票支付。您想怎么付款?"
　　然后安静,即使要沉默 30 秒甚至更长时间。无论是当面交谈还是电话交流,这条法则都适用。如果你保持安静,顾客则更可能回答"买!"
　　顾客:"我用信用卡付款,这是我的卡。"

> 我们说得太多,这往往让我们不那么有说服力。
> ——凯蒂亚·安德森(Katya Andresen),非营利组织营销专家,著有《罗宾汉市场营销》(Robin Hood Marketing)

运用正确的推销方式会为你带来顾客。

推广业务或活动

上学的时候，我开办了一项修剪草坪的服务。我在社区里挨家挨户地分发传单，并询问大家是否需要修剪草坪，很多人都表示"需要！"

发传单是推广业务或活动的一种方式。首先和你的父母确认一下，看他们是否支持你在社区里分发传单，请他们把传单发给那些可能感兴趣的熟人。你也可以借助社交媒体，创建一个网站来推广自己的业务。

思考一下谁是你的潜在顾客。如果没有立刻看到推广的成效，不要沮丧，取得结果是需要时间的。把信息传达给那些最有可能用到你的产品或服务的人。比如：如果你正在推广自己代看孩子的业务，那就瞄准有孩子的人。同时要记住，把工作做到最好，好的口碑会为你带来更多的业务。

在线贴士：要想了解更多推广业务或活动的方式，请访问 www.Smilethebook.com，并点击"Free"。

营销是一场赢得人们注意力的竞赛。

——赛斯·戈丁（Seth Godin），畅销书作家、营销推广人

6

售后服务

以实用的人际交往技能提升顾客的售后满意度

以积极的态度让顾客满意。

大方地处理退货

退货也是经营生意的一部分。当顾客提出退款时，无论他们是要取消某项服务还是退回某件商品，把你掌握的人际交往技能用起来。**态度要积极，热情。**告诉顾客你对商品或服务没能派上用场感到很遗憾，不过你很乐意为他们提供帮助。

永远不要把退货当成是针对你个人的事。你是否有过这样的经历，在退货或者取消服务的时候发现处理此事的员工看起来非常恼怒，如果有的话，你一定不要像那位员工一样。

顾客在退回商品或取消服务时可能会觉得不好意思，让顾客感到轻松是你的职责。

小孩和他的拳击沙袋

在我 10 岁时，我有一个拳击沙袋漏了。我把它寄给了商家，并写了一封信说明情况。我真没有指望能收到任何回复，但是两周后，我收到了一个包裹。让我既惊讶又高兴的是，包裹里有一张商家寄来的精美的卡片，还有一个全新的拳击沙袋。

事情也许到这里就结束了，但没过多久新的沙袋也漏了。我又把它寄了回去，这次我真的以为会讨个没趣。让我大为震惊的是，商家又给我寄了一张精美的卡片，还有替换的沙袋——这次寄来的，是他们最顶尖的款式。这个沙袋没有漏，我继续高兴地用了许多年。

不用说，这样的结果让我非常激动（你可以想象出一个笑容咧到耳后根的小男孩），从那以后，我就对这家公司非常满意。对我而言，这是一次非常愉悦的经历，我也把这种服务客户的方式应用到了自己的生意当中。这家公司以其卓越的售后服务令我成为他们的终身客户。

如何做

1. 大方地微笑。态度友好，善解人意。
2. 说：**"很遗憾商品没能派上用场，我将很乐意为您提供帮助。"**
3. 以友好尊重的态度高效地结束交易。
4. 表示："期待将来能够为您提供帮助，谢谢您。"

小贴士 退货服务是一次给顾客留下积极印象的机会。笑容真诚、态度友好地处理退货可以带来终身顾客。

> 在生意中，一次消极的顾客服务体验带来的负面影响要用 12 次积极的服务去弥补。[1]

顾客服务是一种日复一日、持续不断、永无止境、坚持不懈、不屈不挠、将心比心的活动。

——里昂·戈尔曼（Leon Gorman），著名户外用品品牌 L.L.BEAN 首席执行官

为顾客提供优质的服务，顾客会对你大加赞赏。

把投诉变为取得支持的机会

把顾客的投诉当作机会。顾客觉得不满意时可能会投诉：

- 商品的质量或售后服务
- 糟糕的顾客服务

如果你能及时有效地处理投诉，那么不开心的顾客会变成一名有价值的顾客——他们会为你和你的生意进行宣传。要想令顾客满意、做成更多交易，必须妥善地处理投诉。

正确对待投诉的态度非常重要。不要把投诉当成是针对你个人的事，即便看起来如此。

如何做

1. **专注地倾听，让顾客畅所欲言**。有时候顾客需要的只不过是发泄情绪，以及有人听他们把话说完。

2. **看着顾客的眼睛说**："我很抱歉。"不要说"对不起"或者"不好意思",这听起来不真诚,**态度要诚恳**。

3. 感谢顾客把问题告知于你。

4. 向顾客保证你会立即核实并解决这个问题,以防类似的问题再次发生。

5. 如果你无法解决顾客的问题,找你的主管寻求合适的解决方案。

> 问题得到解决,顾客会满意,也会将这次良好的购物体验分享给五个人。[2]

你知道吗?

有 80% 的公司自以为提供了优质的服务,而根据顾客的反馈,实际上只有 8% 的公司真正做到了[3]。

> "crisis"一词中文翻译为:危机。
> 这两个字一个代表着危险,另一个代表着机会。
> ——约翰·肯尼迪(John F. Kennedy),第 35 任美国总统

7

成为"明星"

用专业能力和人际交往技能
在生活中"发光发热"

运用你的技能去帮助解决世界上最紧迫的问题。

改变，让生活出彩

做志愿者，为世界带来变化。 小时候，看着我家四周美丽的森林和田野变成了小区和办公楼，这激发了我对从事志愿服务的兴趣。开发商做了铺天盖地的广告，来销售新楼盘。我很好奇环保组织在哪里，他们为什么没有为保护这片土地而发声？

事实是，对此他们缺乏能力，也缺少资金。我意识到，这些组织必须先发出声音，募集到资金，才能有所行动。我觉得自己有必要帮助他们做这些事，我尽自己所能阅读了许多资料，去了解相关的信息。

我加入了一些组织，成为了一名志愿者。最终，因为有这些经历，我在密歇根北部的一家非营利性土地保护机构找到了一份募捐的工作。非营利组织是以做善事和帮助大众为目的而创立的。如果你擅长销售、募捐或做宣传，非营利组织就需要你的帮助。

幼时的经历，激发我长大后加入了非营利组织，这让我的生活更有意义。我运用自己的销售经验，为所热爱的事业募集资金。从事自己热爱的事业或者成为一名志愿者，你会获得相当大的满足感。

世上的苦痛，不是你看不见就不存在。
——佚名①

你就是许多事业在等待的那个人。

期待你的加入

　　非营利组织需要你的帮助。有些组织有地方分会，志愿者有实地服务的机会，你也可以在家以远程协助的方式为一些组织服务。你可以为某一项活动当志愿者，也可以一直从事志愿服务。要想获取更多信息，可以访问非营利组织的网站。与学校的辅导员、本地的社区中心，还有你的朋友联系，了解其他志愿服务渠道。邀请你的朋友，和你一起做志愿者吧！

　　无论你是在写作、募捐、销售、平面设计、运营社交媒体还是网站开发等方面占有优势，或是有其他一技之长，都可以贡献一份力量。

　　对此你能做的较为简单的一件事情就是在你的社交账号上分享该非营利组织的联系信息和重要事件，这样能让更多人关注到它，从而吸引更多的志愿者和捐助者。

我的故事

我以前在本地的一家小动物收容所当志愿者，负责遛狗。对于那些曾生活在温暖的家中的宠物来说，在小动物收容所的生活发生了天翻地覆的变化。通常情况下，我的工作是把一只狗狗带进收容所的后院，或者把另一只狗狗带出去。

有时会有人到收容所，想领养这些小动物[2]，但是因为缺少帮助，许多人也就四处看看然后就准备离开了。这时候我会走出来和他们搭话，并带他们去看合适的小动物。大约有 70% 的人最终能带走他们心仪的小动物。掌握了人际交往技能，你也能成为一名助人的志愿者！

为什么当志愿者？

- **做志愿服务让你更开心，生活过得更有意义**[3]。这是一件很有意思的事！帮助他人是有意义的，这是一种极好的认识新朋友、建立新关系的方式。
- **做志愿服务有助你获得工作经验并找到工作**[4]。一定要把你的志愿服务经历写在简历上！有 42% 的招聘者认为志愿者工作和全职工作经验一样重要。在美国，五分之一的招聘人员会因应聘者的志愿服务经历而聘用他。或者也可以像我一样，通过志愿服务在非营利组织中找到带薪工作。
- **做志愿服务有助于你被大学录取、获得奖学金**[5]。大学招生老师非常看重学生的社区服务时间以及长期从事于某项事业的经历。

在线贴士：通过网络搜索更多有关成为志愿者的渠道信息。通过政府网站查询相关信息，鉴别这些非营利组织是否合法。

得到的东西让我们生存，而付出的东西让我们感受生活。

——温斯顿·丘吉尔（winston churchill），前英国首相

用热情吸引捐助者。

克服募捐时的恐惧

对人们来说，不敢开口请求捐助是很正常的。你可以把之前的募捐经验，比如为体育队、班级旅行、童子军或者学校乐队筹款的经验，有效地应用于其他有意义的事业中。

以下建议可能有助于你克服为非营利组织募捐时的恐惧：

- 参与自己**热爱**的事业，做一名志愿者。
- 把募捐当作是**帮助人们为他们所关心的事业而投资**。你是在帮助一个组织实现其使命。
- 大多数人都很乐意提供捐助，知道自己在帮助其他人会让他们感觉良好。

问：你为什么会提供捐助？
答：因为有人问我。
——著名的募捐宣言

您愿意加入吗?

很多年前,我在一个"周末飞蝇钓表演"的年度活动中工作。在这个活动中,我负责为密歇根北部的一家土地保护组织募捐。在这之前,他们也尝试过在表演过程中募捐并招募新会员,但他们从未得到一笔捐助,也没有招到新会员。

一个星期六早上,一个男人走到了我们的桌子前,我跟他说了我们的使命是保护密歇根北部的土地。他问我会员费是多少,我告诉他是30美元,他转身就要走。我心里想:"以前肯定也是这种情况,所以他们从没有得到捐助——因为他们从未开口问过!"我决定利用这次活动尝试一下,看看如果开口请求捐助的话,是不是会有效果。

正当这个男人准备走开的时候,我礼貌地说:"您愿意加入吗?"他立即就转过身,拿出了钱包,然后把他的信用卡递给了我——就是这样!后来他每年都会给予捐助,而且捐资逐年增加。那个周末,通过开口询问,大约每小时就有一个新会员加入,我一共收到了来自16名新会员的捐款。

在线贴士:事先在网站和社交媒体上搜索你参与募捐工作的组织,了解一下其使命和项目,这样在向他人请求捐助的时候会信心满满,得到更多捐资!

你必须去做你认为自己做不到的事情。

——埃莉诺·罗斯福(Eleanor Roosevelt),前美国总统夫人

每一笔捐助都会推动你的事业发展。

询问式募捐

一旦你解释了自己募捐的目的，并回答了所有问题，就开口请对方捐助，然后保持安静，不再多说一句。

示例：询问式募捐

你："我卖这个爆米花是为了支持学校的乐队，您想买点吗？"
然后保持安静。

顾客：（沉默着考虑了几秒钟）"多少钱？"
你："10美元。您想买多少呢？"
然后保持安静。

顾客："买两包，给你20美元。"

另一个示例

你:"我们在为本地的"食物银行"项目筹款,目的是给我们社区的人提供食物。我们的目标是本月提供 600 份餐食,您愿意捐助吗?"

然后保持安静。

顾客:(沉默着考虑几秒钟)"我捐的钱可以抵税吗?"

你:"可以的,我们会给您提供收据。您想捐多少钱呢?"

然后保持安静。

顾客:"好,我捐 20 美元。"

> **在线贴士**:了解更多有关募捐的方法,请访问 www.Smilethebook.com,并点击"Free"。

> 如果不付诸行动,你 100% 会错失良机。
> ——韦恩·格雷茨基(Wayne Gretzky),冰球界传奇人物

利用自己的空闲时间去帮助别人，你会觉得时间和精力没有荒废，从而获得强烈的满足感。

帮助他人

人类家园

www.Habitat.org

以义务劳动或捐赠物资的方式在世界各地建造和修缮房屋。

美国消灭饥饿组织

www.FeedingAmerica.org

加入美国食物银行成员网为消灭饥饿现象贡献力量。

上门送餐服务

www.mowaa.org

为有需要的人送餐上门,主要为老年人提供帮助。

全国无家可归者援助联盟

www.NationalHomeless.org

致力于预防和终结无家可归的现象。

红十字会

www.RedCross.org

致力于向国内外提供灾害援助、心肺复苏认证和急救、血液捐献、应急准备等帮助。

> 毋庸置疑,一小群有想法,有毅力的民众可以改变世界,事实上,世界正是这样被改变的。
>
> ——玛格丽特·米德(Margaret Mead),美国文化人类学家、作家

你知道吗？
小狗、小猫生活在收容所是出于各种原因，有的是它们的主人搬到了不允许养宠物的地方，有的是主人养不起了，也有的是主人没有时间照顾它们。⑥

救助动物

亚洲动物基金

www.AnimalsAsia.org

倡导"同样的关爱"的理念。专注于三个主要项目："保护月熊"、"猫狗福利"以及"圈养动物福利"。

拯救表演动物

www.StopCircusSuffering.com

"拯救表演动物"是国际动物保护者协会（www.ad-international.org）发起的一项重要运动，旨在解救马戏团中的因表演而受虐待的动物。

国际反偷猎基金会

www.IAPF.org

国际反偷猎基金会（IAPF）由一名前澳大利亚特种部队士兵创立，将战斗技能应用于打击偷猎的行动中，目标是拯救犀牛、大象和老虎等濒危野生动物。

PetFinder.com

www.PetFinder.com

帮助小动物找到永远的家,和你成为好朋友!

世界动物保护协会

www.wspa-international.org

解决全球的动物虐待问题。

在线贴士:帮助小动物收容所遛狗,既可以让小狗自由撒欢,又能让自己也得到锻炼。可以在网上搜索当地小动物收容所的所在。

附加在线贴士:想领养一只宠物吗?想了解如何领养自己心仪的宠物,请访问 www.Smilethebook.com,并点击"Free"。

> 欲变世界,先变其身。
> ——"圣雄"甘地(Mahatma Gandhi),印度独立运动主要领导人

在我们国家，没有比保护自然环境更重要的事了。

——西奥多·罗斯福

保护我们的环境

美国河流协会

www.AmericanRivers.org

保护野生河流，为人类和大自然保留干净水源。

保护国际

www.Conservation.org

致力于让每个人安心地生活在健康、富饶的地球上。

土地信托联盟

www.LandTrustAlliance.org

提倡自愿保护土地，拯救人们所热爱的地方。

美国国家野生动物保护联盟

www.NWF.org

致力于保护野生动物,维护野生动物的生存环境,促进野生动物的繁衍,维护自然生态的可持续发展。

大自然保护协会

www.Nature.org

致力于在全国范围内保护具有重要生态价值的土地和水域。

在线贴士:查看如何在满足经济增长和发展的同时,保护人类和野生动物赖以生存的土地、水源:在搜索引擎中输入"环境保护分类"。

每个人都要努力成为他人的榜样。

——罗莎·帕克斯(Rosa Parks),民权活动家

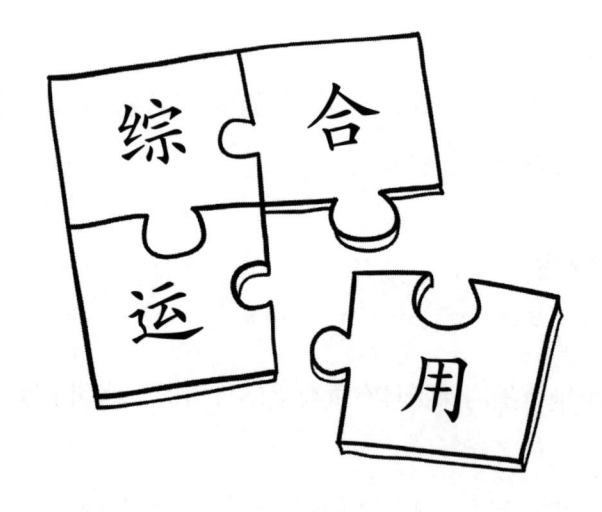

综合运用

本书涵盖了众多领域，比如培养良好的人际交往技能，如何找到工作、掌握顾客服务和销售的技巧，以及如何成为专业的募捐者和志愿者等。现在，成功的秘诀就在你的手上。

微笑会使你走上一条成功、有目标且充实的人生之路。

永远要记住：**微笑充满魔力**。

下一步

要了解更多详细信息，请访问网站：www.Smilethebook.com *。

---

* 可登录"华夏特教"微信公众号，获取有关中文在线资源。

注释

简介：

1. Laura Paul. Break Poor Communication Habits[EB/OL].Disneyfamily.com. [2014-03-02]. http://family.go.com/parenting/pkg-teen/article-774158-break-poor-communication-patterns-t/.

2. Dan Schawbel. Somebody's Gotta Get Hired, Right? 6 Tips to Help New Grads Land Job Offers..TIME.com.2012-05-15[2014-03-02].http://business.time.com/2012/05/15/somebodys-gottaget hired-right-6-tips-to-help-new-grads-land-job-offers/.

1 十大人际交往技能

1. Malcolm Gladwell.Interview with Allan Gregg[EB/OL].Allan Gregg: Malcolm Gladwell-Blink-Full Show. TVO.org.2010-11-05[2014-03-02].www.tvo.org/video/163858/malcolm-gladwell-blink-full-show.

2. 这句匿名引用因路易斯·阿姆斯特朗在《当你微笑时》（When You're Smiling）这首歌里创作并演唱的歌词而闻名。Oprah.com.[2014-03-02]. www.oprah.com/spirit/The-Power-of-a-Smile/.

3. Ed Keller and Brad Fay. Facebook Can't Replace Face-to-Face Conversation[EB/OL]. Ed Keller and Brad Fay. USATODAY.com.2012-04-29[2014-03-02]. http://usatoday30.usatoday.com/news/opinion/forum/story/2012-04-29/facebook-face-to-face/54629816/1.

4. Linsey Davis, Sarah Netter, Alexandra Ludka. How to Use Social Media to Get into College[EB/OL].abcnews.com.2012-10-19[2014-03-02]. http://abcnews.go.com/Technology/socialmedia-hurt-college-bid/story?id=17520370.

5. Anthony Balderrama. Why You Need a Good Handshake[EB/OL].careerbuilder.com.[2014-03-02]. www.careerbuilder.com/Article/CB-884-Getting-Hired-Why-You-Need-a-Good-Handshake/.

6. Tara Parker-Pope. What Are Friends For? A Longer Life[EB/OL].NYTimes.com.2009-04-20[2014-03-02]. www.nytimes.com/2009/04/21/health/21well.html?_r=1&.

7. Goldin Leadership Group. Is Anybody Listening?[EB/OL].thecoachingcompass.com.2010-05-25[2014-03-02]. http://thecoachingcompass.com/tag/listeningstatistics.

8. 编注：原文"Respect yourself and others will respect you"，这句格言在英语世界中常被引用且署名为孔子，但其具体来源不明，并非出自《论语》一书。

2 找到工作

1. Mike Fritz. After-School Jobs Spark Academic Success[EB/OL].PBS.org. 2012-12-27[2014-03-02]. www.pbs.org/newshour/updates/education/july-dec12/student_jobs.html.

2. Scott Reeves. Dress for Success[EB/OL].Forbes.com.2006-04-12[2014-03-02]. www.forbes.com/2006/04/11/office-dress-codes-cx_sr_0411officedress.html.

3. Sharon Jayson.Teens and Stress: Bad Habits Begin Early[EB/OL]. USATODAY.com. 2014-02-11[2014-03-02].www.usatoday.com/story/news/nation/2014/02/11/stressteens psychological/5266739/.

4. Christine Berry. Statistics on Teen-Stress[EB/OL]. parentingteens.com. 2013-03-15[2014-03-02]. www.parentingteens.com/statistics-on-teen-stress/.

3 以礼待人

1. Steve Timmerman. The Importance of Being Prepared[EB/OL]. mckinleyconsulting.com. 2013-08-19[2014-03-02]. http://

mckinleyconsulting.com/blog/importance–prepared.

2. Lindsay Silberman.25 Tips for Perfecting Your E–mail Etiquette[EB/OL].Inc.com.[2014–03–02]. www.inc.com/guides/2010/06/email–etiquette.html.

3. American Express Global Customer Service Barometer[EB/OL]. AmericanExpress.com[2014–03–02].http://about.americanexpress.com/news/pr/2012/gcsb.aspx.

4. Elizabeth Anne Winters. Top 10 Electronic Etiquette Faux Pas[EB/OL].2010–11–11[2014–03–02].Forbes.com.www.forbes.com/2010/11/11/technology–electronic–etiquette–forbes–woman–leadership–socialmedia.html.

5. Jay Baer. 42 Percent of Consumers Complaining in Social Media Expect 60 Minute Response Time[EB/OL].convinceandconvert.com.[2014–03–02]. www.convinceandconvert.com/thesocial–habit/42–percent–of–consumers–complaining–in–socialmedia–expect–60–minute–response–time/.

4 将心比心

1. Small Business Administration. SBA Study Determines Why Customers Leave[EB/OL].nbnnews.com.[2014–03–02].www.nbnnews.com/NBN/issues/2005–01–10/Business+Management/2.html.

2. What's Wrong with Customer Service?[EB/OL]. ConsumerReports.org. 2011–07[2014–03–02].www.consumerreports.org/cro/magazine–archive/2011/july/shopping/customer–service/overview/index.htm.

3. Lydia Ramsey. Making The Most of First Impressions[EB/OL].manner sthatsell.com.[2014–03–02].http://mannersthatsell.com/businessimpressions/.

5 打开销路

1. Steve W. Martin.Seven Personality Traits of Top Salespeople[EB/OL].HBR.org. 2011–06–27[2014–03–02].http://blogs.hbr.org/cs/2011/06/the_seven_personality_traits_o.html.

2. The Cost of Poor Customer Service: The Economic Impact of the Customer Experience in the U.S.[EB/OL].Genesys.2009–10[2014–03–02].

6 售后服务

1. Customer Service Facts[EB/OL].customerservicemanager.com.[2014–03–02]. www.customerservicemanager.com/customer-service-facts.htm.

2. James Digby. White House Office of Consumer Affairs.50 Facts About Customer Experience[EB/OL].returnonbehavior.com.[2014–03–02]. http://returnonbehavior.com/2010/10/50-facts-about-customer-experience-for-2011/.

3. James Allen et al.Closing the Delivery Gap: How to Achieve True Customer-Led Growth[EB/OL].Bain.com.2005[2014–03–02]. www.bain.com/bainweb/pdfs/cms/hotTopics/closingdelivergap.pdf,1.

7 成为"明星"

1. 译注：原文"To close your eyes will not ease another's pain"，这句话在英语世界中常被认为是一句出处不明的中国谚语，但无法考据到其对应的中文谚语，故译者在原文的基础上进行了适当创译。

2. Going the Extra Smile[EB/OL].AnimalSheltering.org.2014–01/02[2014–03–02]. www.animalsheltering.org/resources/magazine/jan-feb-2014/Going-the-Extra-Smile.pdf.

3. Gretchen Rubin.Volunteer. Give Pro Bono. Help Others. It's the Right Thing to Do,and It Will Boost Your Happiness[EB/OL].Forbes.com.2011–04–16[2014–03–02]. www.forbes.com/sites/gretchenrubin/2011/04/16/volunteer-give-pro-bono-help-others-its-the-right-thing-to do-and-it-will-boost-your-happiness/.

4. Reid Hoffman.The LinkedIn Volunteer Marketplace: Connecting Professionals to Non-Profit Volunteer Opportunities[EB/OL]. blog.LinkedIn.com.2014–01–15[2014–03–02]. http://blog.linkedin.com/2014/01/15/the-

系列丛书

书号	书名	作者	定价
	融合教育		
*9228	融合学校问题行为解决手册	[美]Beth Aune	30.00
*9318	融合教室问题行为解决手册		36.00
*9319	日常生活问题行为解决手册		39.00
*9210	资源教室建设方案与课程指导	王红霞	59.00
*9211	教学相长：特殊教育需要学生与教师的故事		39.00
*9212	巡回指导的理论与实践		49.00
9201	"你会爱上这个孩子的！"（第2版）	[美]Paula Kluth	98.00
*0078	遇见特殊需要学生：每位教师都应该知道的事	孙颖	49.00
9497	孤独症谱系障碍学生课程融合（第2版）	[美]Gary Mesibov	59.00
9329	融合教育教材教法	吴淑美	59.00
9330	融合教育的理论与实践		69.00
8338	靠近另类学生：关系驱动型课堂实践	[美]Michael Marlow 等	36.00
*7809	特殊儿童随班就读师资培训用书	华国栋	49.00
8957	给他鲸鱼就好：巧用孤独症学生的兴趣和特长	[美]Paula Kluth	30.00
	生活技能		
*0130	孤独症和相关障碍儿童如厕训练指南（第2版）	[美]Maria Wheeler	49.00
*9463	发展性障碍儿童性教育教案集/配套练习册	[美]Glenn S. Quint 等	71.00
*9464	身体功能性障碍儿童性教育教案集/配套练习册		103.0
*9215	孤独症谱系障碍儿童睡眠问题实用指南	[美]Terry Katz	39.00
*8987	特殊儿童安全技能发展指南	[美]Freda Briggs	42.00
*8743	智能障碍儿童性教育指南		68.00
*0206	迎接我的青春期：发育障碍男孩成长手册	[美]Terri Couwenhoven	29.00
*0205	迎接我的青春期：发育障碍女孩成长手册		29.00
	转衔|职场		
*0296	长大成人：孤独症谱系人士转衔指南	[加]Katharina Manassis	59.00
*0301	我也可以工作！青少年自信沟通手册	[美]Kirt Manecke	39.00
*0299	职场潜规则：孤独症及其他障碍人士职场社交指南	[美]Brenda Smith Myles	39.00

社交技能

编号	书名	作者	价格
*9500	社交故事新编(十五周年增订纪念版)	[美]Carol Gray	59.00
*9941	社交行为和自我管理：给青少年和成人的5级量表	[美]Kari Dunn Buron 等	36.00
*9943	不要！不要！不要超过5！：青少年社交行为指南		28.00
*9537	用火车学对话：提高对话技能的视觉策略		36.00
*9538	用颜色学沟通：找到共同话题的视觉策略	[美] Joel Shaul	42.00
*9539	用电脑学社交：提高社交技能的视觉策略		39.00
*0176	图说社交技能（儿童版）	[美]Jed E.Baker	88.00
*0175	图说社交技能（青少年版）		88.00
*0204	社交技能培训实用手册：70节沟通和情绪管理训练课		68.00
*9800	社交潜规则（第2版）	[美]Temple Grandin	68.00
*0150	看图学社交：帮助有社交问题的儿童掌握社交技能	徐磊 等	88.00

与星同行

编号	书名	作者	价格
*0109	红皮小怪：教会孩子管理愤怒情绪		36.00
*0108	恐慌巨龙：教会孩子管理焦虑情绪	[英]K.I.Al-Ghani 等	42.00
*0110	失望魔龙：教会孩子管理失望情绪		48.00
*9481	喵星人都有阿斯伯格综合征		38.00
*9478	汪星人都有多动症	[澳]Kathy Hoopmann	38.00
*9479	喳星人都有焦虑症		38.00
*0302	孤独的高跟鞋：PUA、厌食症、孤独症和我	[美]Jennifer O'Toole	49.90
*9090	我心看世界（最新修订版）		49.00
*7741	用图像思考：与孤独症共生	[美]Temple Grandin	39.00
8573	孤独症大脑：对孤独症谱系的思考		39.00
*8514	男孩肖恩：走出孤独症	[美]Judy Barron 等	45.00
8297	虚构的孤独者：孤独症其人其事	[美]Douglas Biklen	49.00
9227	让我听见你的声音：一个家庭战胜孤独症的故事	[美]Catherine Maurice	39.00
8762	养育星儿四十年	[美]蔡张美铃、蔡逸周	36.00
*8512	蜗牛不放弃：中国孤独症群落生活故事	张雁	28.00
*9762	穿越孤独拥抱你		49.00

经典教材 | 工具书 | 报告

*8202	特殊教育辞典（第3版）	朴永馨	59.00
*9715	中国特殊教育发展报告（2014-2016）	杨希洁、冯雅静、彭霞光	59.00
0127	教育研究中的单一被试设计	[美]Craig Kenndy	88.00
*8736	扩大和替代沟通（第4版）	[美]David R. Beukelman 等	168.0
9707	行为原理（第7版）	[美]Richard W. Malott 等	168.0
9426	行为分析师执业伦理与规范（第3版）	[美]Jon S. Bailey 等	85.00
*8745	特殊儿童心理评估（第2版）	韦小满、蔡雅娟	58.00
8222	教育和社区环境中的单一被试设计	[美]Robert E.O'Neill 等	39.00

新书预告

出版时间	书名	作者	估价
2022.06	应用行为分析与儿童行为管理（第2版）	郭延庆	49.00
2022.07	成人养护机构实战指南	[日]村本净司	59.00
2022.07	执行功能提高手册	[美]James T. Chok	48.00
2022.08	功能分析应用指南	[美]Adel Najdowski	48.00
2022.08	孤独症谱系障碍儿童独立自主行为养成手册	[美]Lynn E. McClannahan 等	49.00
2022.09	融合教育学校教学与管理	彭霞光	59.00
2022.09	孤独症儿童同伴干预指南	[美]Pamela J. Wolfberg	88.00
2022.10	课程本位测量入门指南（第2版）	[美]Michelle K. Hosp 等	69.00
2022.10	逆风起航：新手家长养育指南	[美]Mary Lynch Barbera	59.00
2022.10	阿斯伯格综合征青少年和成人的社交技能	[美]Nancy J. Patrick	49.00
2022.10	影子老师指导手册	[新]亚历克斯·利奥 W.M.等	39.00
2022.11	家庭干预实战指南	[日]上村裕章	59.00
2022.11	走进职场：阿斯伯格人士求职和就业完全指南	[美]Gail Hawkins	49.00
2022.12	应用行为分析与社交训练课程	[美]Mitchell Taubman 等	88.00
2022.12	准备上学啦	[美]Ron Leaf 等	88.00
2022.12	多重障碍学生教育	盛永进	69.00

微信公众平台：HX_SEED（华夏特教）
微店客服：13121907126（同微信）
天猫官网：hxcbs.tmall.com
意见、投稿：hx_seed@hxph.com.cn

标*号书籍均有电子书　　联系地址：北京市东直门外香河园北里4号（100028）

华 夏 特 教

书号	书名	作者	定价
*孤独症入门			
*0137	孤独症谱系障碍：家长及专业人员指南	[英]Lorna Wing	59.00
*9879	阿斯伯格综合征完全指南	[英]Tony Attwood	78.00
*9081	孤独症和相关沟通障碍儿童治疗与教育	[美]Gary B. Mesibov	49.00
*0157	影子老师实战指南	[日]吉野智富美	49.00
*0014	早期密集训练实战图解	[日]藤坂龙司等	49.00
*0119	孤独症育儿百科：1001个教学养育妙招（第2版）	[美]Ellen Notbohm	88.00
*0107	孤独症孩子希望你知道的十件事（第3版）		49.00
*9202	应用行为分析入门手册（第2版）	[美]Albert J. Kearney	39.00
教养宝典			
*5809	应用行为分析和儿童行为管理	郭延庆	30.00
*0149	孤独症儿童关键反应教学法（CPRT）	[美]Aubyn C.Stahmer 等	59.80
9991	做·看·听·说（第2版）	[美]Kathleen Ann Quill 等	98.00
8298	孤独症谱系障碍儿童关键反应训练（PRT）掌中宝	[美]Robert Koegel 等	39.00
*9942	神奇的5级量表：提高孩子的社交情绪能力（第2版）	[美]Kari Dunn Buron 等	48.00
*9944	焦虑，变小！变小！（第2版）		36.00
*9496	地板时光：如何帮助孤独症及相关障碍儿童沟通与思考	[美]Stanley I. Greenspan 等	68.00
*9348	特殊需要儿童的地板时光：如何促进儿童的智力和情绪		69.00
*9964	语言行为方法：如何教育孤独症及相关障碍儿童	[美]Mary Lynch 等	49.00
9203	行为导图：改善孤独症谱系或相关障碍人士行为的视觉	[美]Amy Buie 等	28.00
9852	孤独症儿童行为管理策略及行为治疗课程	[美]Ron Leaf 等	68.00
*8607	孤独症儿童早期干预丹佛模式（ESDM）	[美]Sally J.Rogers 等	78.00
*9489	孤独症儿童的行为教学	刘昊	49.00
*8958	孤独症儿童游戏与想象力（第2版）	[美]Pamela Wolfberg	59.00
9324	功能性行为评估及干预实用手册（第3版）	[美]Robert E. O'Neill 等	49.00
*0170	孤独症谱系障碍儿童视频示范实用指南	[美]Sarah Murray 等	49.00
*0177	孤独症谱系障碍儿童焦虑管理实用指南	[美]Christopher Lynch	49.00
8936	发育障碍儿童诊断与训练指导	[日]柚木馥、白崎研司	28.00
*0005	结构化教学的应用	于丹	69.00
9678	解决问题行为的视觉策略	[美]Linda A. Hodgdon	68.00
9681	促进沟通技能的视觉策略		59.00

linkedin-volunteermarketplace-connecting-professionals-to-nonprofit-volunteeropportunities/.

5. Miriam Salpeter.Community Service Work Increasingly Important for College Applicants[EB/OL].Money.USNews.com.[2014-03-02]. http://money.usnews.com/money/blogs/outside-voices-careers/2011/11/30/communityservice-work-increasingly-important-for-college-applicants.

6. Jane Harrell.Six Common Misconceptions About Pet Adoption[EB/OL]. Petfinder.com.[2014-03-02]. www.petfinder.com/pet-adoption/pet-adoption-information/misconceptions-pet-adoption/.

图书在版编目（CIP）数据

我也可以工作！：青少年自信沟通手册 / (美) 柯特·马内克 (Kirt Manecke) 著；陈瑾译. -- 北京：华夏出版社有限公司, 2022.9

书名原文：Smile & Succeed for Teens: Must-Know People Skills for Today's Wired World

ISBN 978-7-5222-0301-0

Ⅰ. ①我… Ⅱ. ①柯… ②陈… Ⅲ. ①心理交往－青少年读物 Ⅳ. ①C912.11-49

中国版本图书馆 CIP 数据核字(2022)第027630号

Smile & Succeed for Teens © Kirt Manecke, 2014, first published by Solid Press, LLC, www.SmiletheBook.com. Arranged through Sylvia Hayse Literary Agency LLC, www.sylviahayseliterary.com

All rights reserved.

©华夏出版社有限公司　未经许可，不得以任何方式使用本书全部及任何部分内容，违者必究。

北京市版权局著作权合同登记号：图字 01-2021-4790 号

我也可以工作！：青少年自信沟通手册

作　　者	[美] 柯特·马内克
译　　者	陈　瑾
审　　校	李唐晨
策划编辑	薛永洁
责任编辑	许　婷　马佳琪

出版发行	华夏出版社有限公司
经　　销	新华书店
印　　装	三河市少明印务有限公司
版　　次	2022 年 9 月北京第 1 版　　2022 年 9 月北京第 1 次印刷
开　　本	720×1030　1/16 开
印　　张	7.5
字　　数	100 千字
定　　价	39.00 元

华夏出版社有限公司　地址：北京市东直门外香河园北里 4 号　邮编：100028
网址：www.hxph.com.cn　电话：(010) 64663331（转）

若发现本版图书有印装质量问题，请与我社营销中心联系调换。